Guide Skira

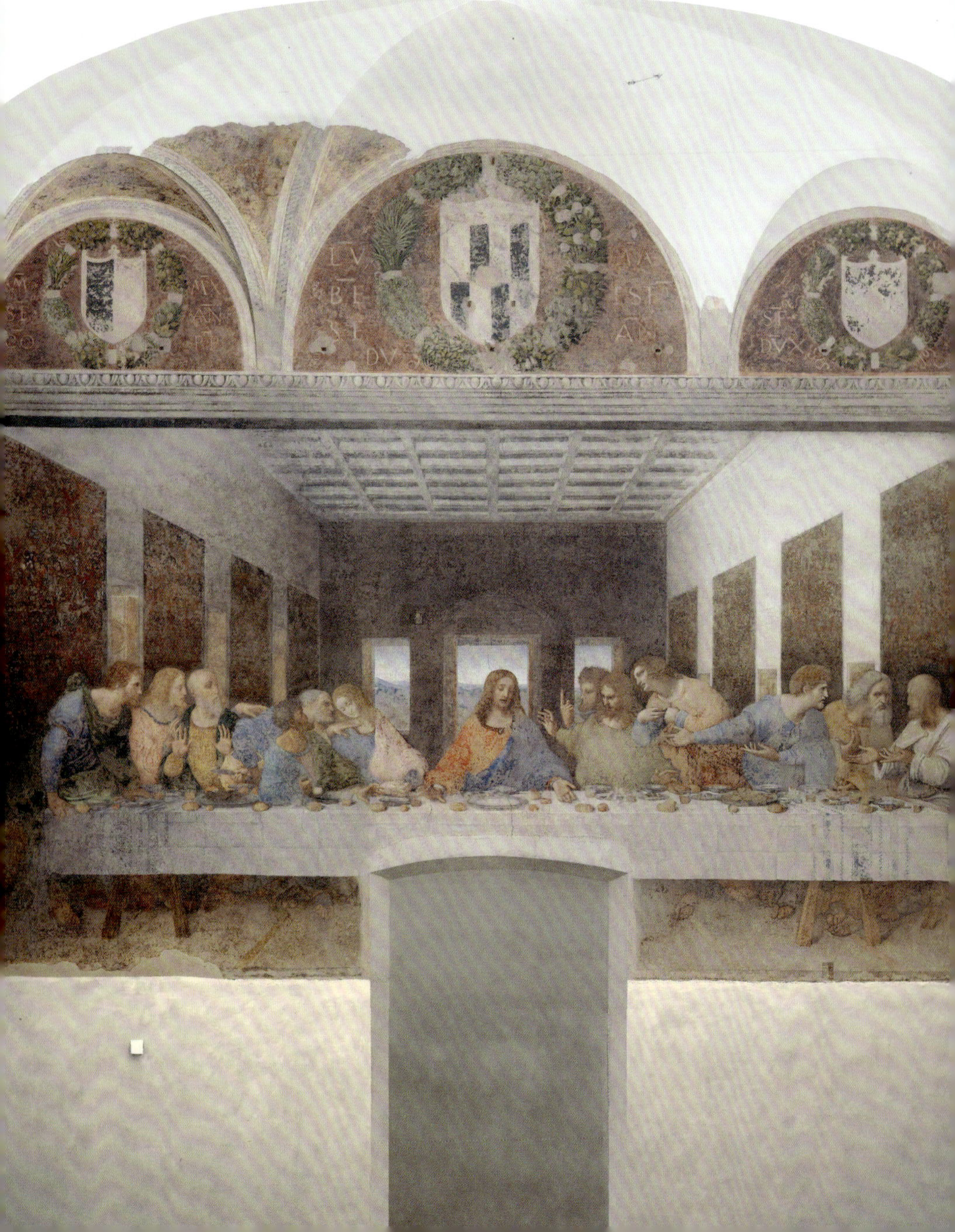

Guide Skira

Pietro C. Marani

Il Cenacolo di Leonardo

con nuovi contributi di
Stefano L'Occaso e Chiara Rostagno

SKIRA

Ministero dei beni e delle attività culturali e del turismo

CENACOLOVINCIANO
Leonardo's Last Supper Museum

In copertina
Leonardo da Vinci, *Cenacolo*
La figura di Matteo (particolare)

In controfrontespizio
Veduta interna del refettorio
di Santa Maria delle Grazie

Editor
Eileen Romano

Progetto grafico
Marcello Francone

Impaginazione
Anna Cattaneo

Finito di stampare nel mese
di giugno 2016
a cura di Skira, Ginevra-Milano
Printed in Italy

www.skira.net

Crediti fotografici
Fotografia di M. Gavinelli, V. Mirarchi,
A. Temporelli, © HAL9000 Srl Novara,
Italy, www.haltadefinizione.com,
su concessione del Ministero
per i Beni e le Attività Culturali,
Soprintendenza per i Beni Architettonici
e Paesaggistici di Milano
© Polo Museale Regionale
della Lombardia
© The Royal Collection, Her Majesty
Queen Elisabeth II, Windsor
Per le immagini alle pp. 2, 6-7, 10-11, 66
© Museo del Cenacolo Vinciano, Egon sas

Sommario

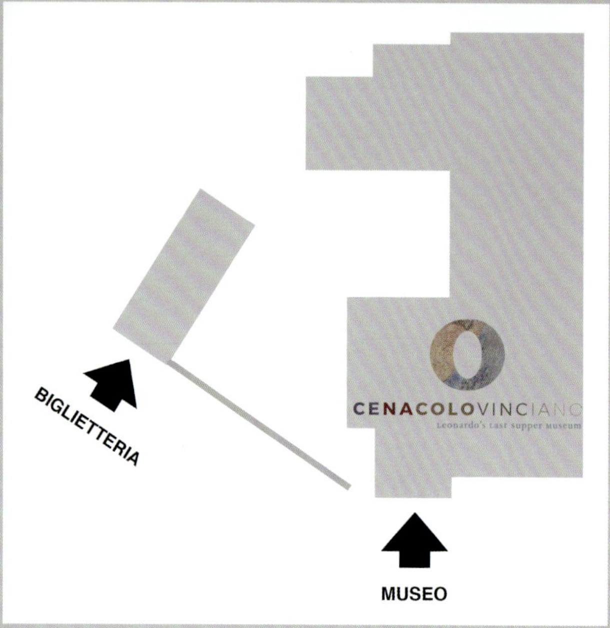
CENACOLO VINCIANO
Leonardo's Last Supper Museum
BIGLIETTERIA
MUSEO

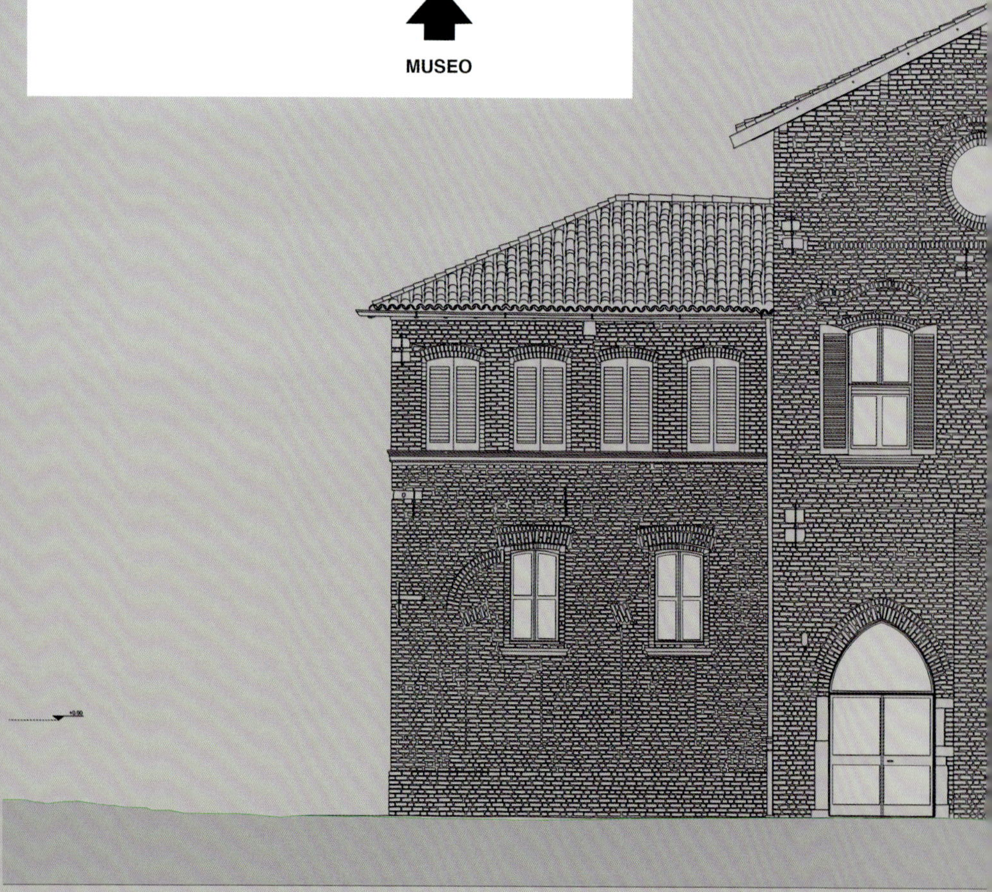

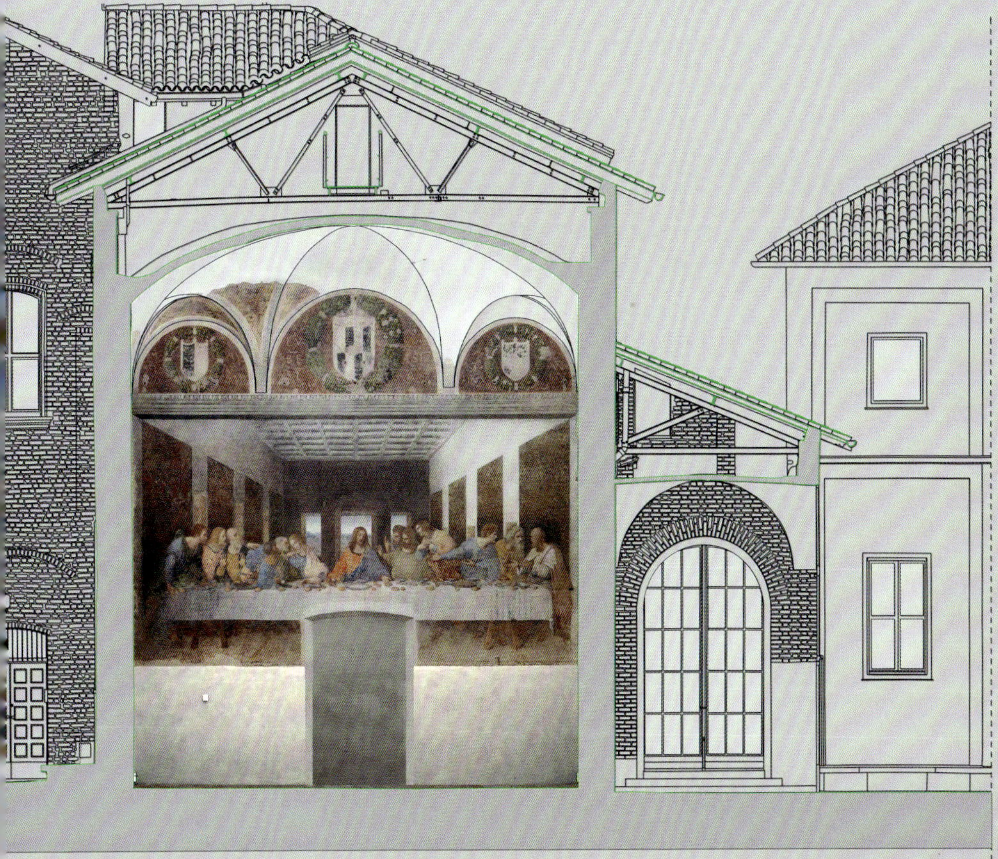

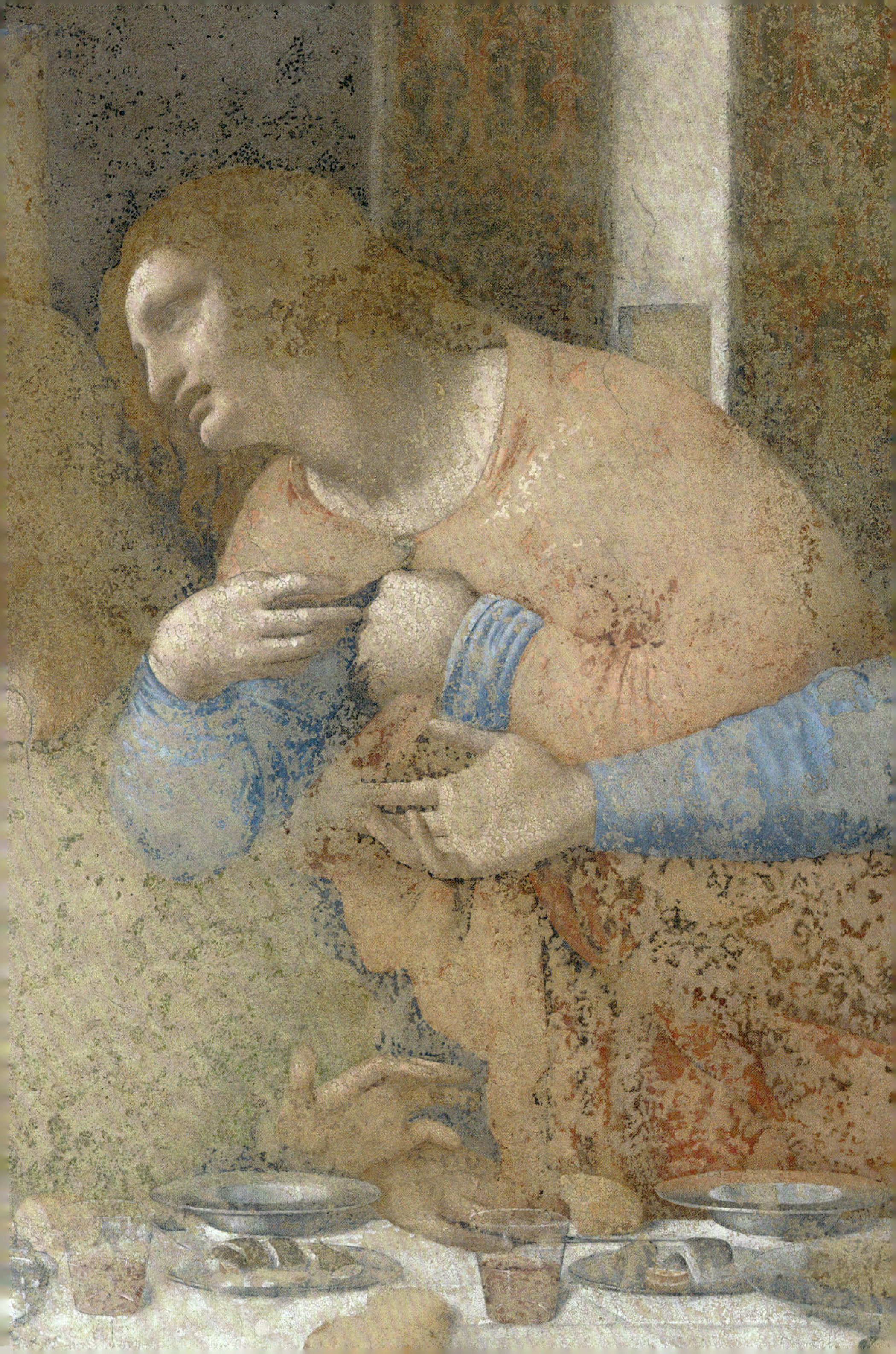

Il Museo del Cenacolo

Stefano L'Occaso

Il vasto (3079 m^3) refettorio del complesso domenicano di Santa Maria delle Grazie accoglie due grandi decorazioni murali, entrambe realizzate nell'ultimo decennio del Quattrocento ed esemplari per il confronto tra tradizione e innovazione. Una, la *Crocifissione* di Giovanni Donato Montorfano, conclusa nel 1495, permette di misurare il lungo impatto della cultura ferrarese su quella milanese, nel XV secolo. L'altra, l'*Ultima Cena* di Leonardo da Vinci (conclusa nel 1498), apre le porte alla maniera moderna, a nuove forme espressive. La fama di Leonardo ai primi del Cinquecento era già internazionale; ne *La Plainte du Desiré* di Jean Lemaire de Belges (1509), Leonardo è menzionato in una sorta di trinità di celebri pennelli italiani, assieme a Gentile Bellini e Perugino. Il matematico Luca Pacioli già alla fine del XV secolo definiva Leonardo "lume della pittura".

Le due composizioni divergono già nella relazione con il volume architettonico. La *Crocifissione* annulla la testata meridionale, mostrando un improbabile spazio aperto sul Golgota, mentre l'*Ultima Cena* suggerisce un'estensione illusiva dello spazio reale. Le lunette della parete meridionale obbligano la disposizione delle figure e delle tre croci, mentre sulla leonardesca parete settentrionale un architrave isola le tre lunette, destinate a ospitare stemmi sforzeschi, attorniate da ghirlande che ricordano la decorazione di Leonardo nella Sala delle Assi, nel Castello Sforzesco. Ciascuna delle due composizioni prende luce da sinistra: la *Crocifissione* è quindi illuminata apparentemente da oriente, l'*Ultima Cena* da occidente.

Alla perfetta specularità assiale della grande *Crocifissione*, che si potrebbe piegare a libro usando come cerniera la croce centrale, corrispondono le calcolate asimmetrie dell'opera di Leonardo; i moduli matematici e geometrici con i quali questa è costruita, sono dissimulati dalla

Leonardo da Vinci, *Cenacolo*.
La figura di Filippo (particolare).

varietà di pose e gesti, che conferiscono straordinaria immediatezza e spontaneità. Anche nella disposizione delle aperture sulle pareti a sinistra e a destra della finta architettura dipinta, Leonardo optò per lievi irregolarità, che furono subito normalizzate anche dalle copie più antiche, a partire da una ben nota incisione di un maestro lombardo (già attribuita a Giovanni Pietro Birago), che inoltre aggiunse un vezzoso quanto incongruo cagnolino in basso a destra.

L'utilizzo naturale della luce, che sottolinea le aperture sul lato meridionale, e l'architrave che delimita lo spazio delle lunette, generano una scatola prospettica che apre uno spazio pienamente credibile e naturale. Il punto di vista, il fuoco prospettico della scena, è posto in corrispondenza della tempia destra del Salvatore, a quattro metri d'altezza, presumendo o un punto di vista dell'osservatore molto alto, oppure immaginando la scena degli Apostoli su un piano inclinato, come se essi agissero su un palco teatrale. Leonardo non avrebbe potuto fare altrimenti, poiché, se avesse mostrato la scena in piena coerenza prospettica, avrebbe dovuto lasciare in vista solo il bordo anteriore del tavolo e gli Apostoli posti alle sue estremità.

I dodici apostoli hanno proporzioni più grandi del naturale, ma sono figure atteggiate in maniera estremamente spontanea e rappresentate senza aureole, a sottolinearne la natura umana. Leonardo rivoluzionò la tradizionale iconografia della scena. Sino ad allora san Giovanni era stato raffigurato addormentato sul tavolo, e Giuda veniva isolato

Parete ovest del refettorio Museo del Cenacolo Vinciano, Progetto di conoscenza e restauro, 2016

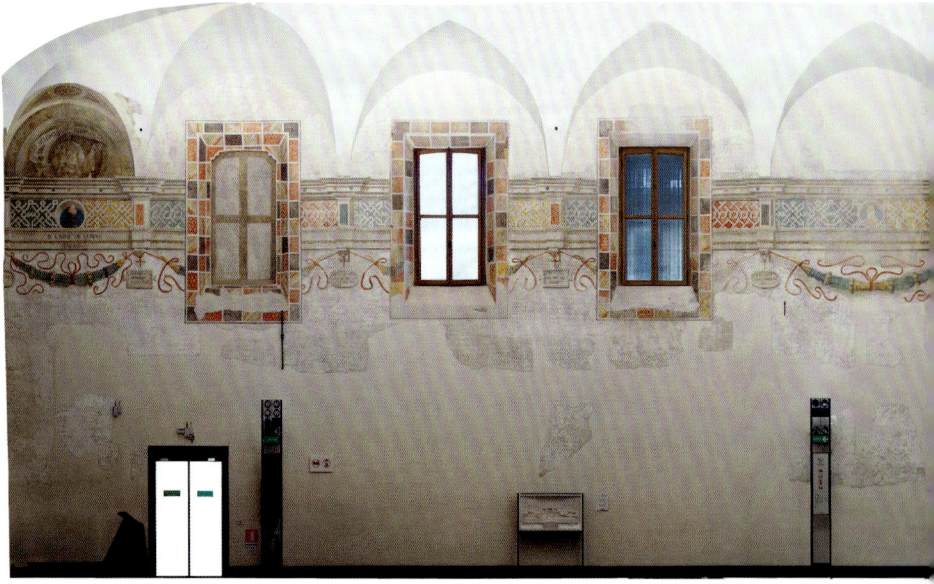

davanti al desco; inoltre, nella tradizione quattrocentesca, le figure degli apostoli erano scandite con un ritmo regolare lungo il tavolo. Leonardo invece le intrecciò, le raccolse in gruppi e in nodi di lettura non immediata (che possono aver favorito talune interpretazioni un po' troppo di fantasia, che intasano internet e le librerie).

L'*Ultima Cena* è, anche dal punto di vista della gestualità, una potente macchina teatrale, nell'ambientazione e nella mimica dei suoi protagonisti. Leonardo recuperò iconografie sedimentate, come il san Giovanni Evangelista con le mani incrociate, quasi fosse già ai piedi della croce, o il san Tommaso che con il dito alzato "promette il Paradiso" (Picasso) o semplicemente invita a seguire un cammino di ascesa spirituale. Ma soprattutto, sperimentando nuove pose e nuove soluzioni, Leonardo creò una straordinaria varietà di atteggiamenti e riuscì così a tradurre in immagini espressioni ed emozioni: i "moti degli animi". La gestualità sarebbe stata studiata e codificata "scientificamente" oltre un secolo e mezzo dopo, da John Bulwer, nelle sue *Chirologia* e *Chironomia*, pubblicate assieme nel 1644.

Nessun dettaglio di quest'opera fu privo di conseguenze per lo sviluppo delle arti nel Cinquecento. La mano destra di san Pietro, la quale si appoggia al fianco e impugna il coltello, fu prontamente ripresa nella pittura veneziana: nel cosiddetto *Bravo* del Kunsthistorisches Museum di Vienna, attribuito verosimilmente a Tiziano. Lo sbraccio con cui san Giacomo Maggiore solca lo spazio e crea profondità ispirò

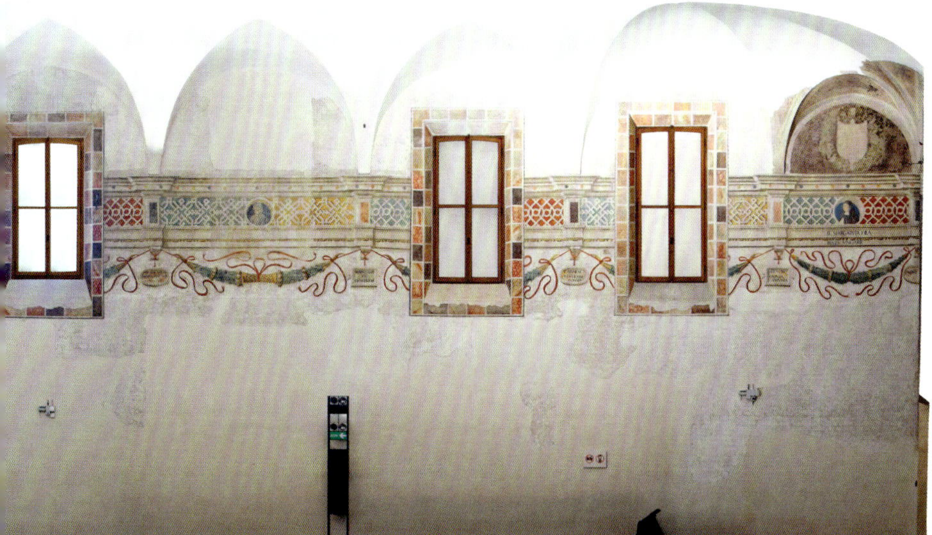

la *Cena in Emmaus* di Caravaggio (Londra, National Gallery). Giuda è invece in penombra e visto in *profil perdu*, connotato (secondo gli stereotipi dell'epoca) come un ebreo: naso adunco e carnagione scura.

È probabile che Montorfano, la critica è oggi piuttosto concorde, sia autore anche delle rimanenti decorazioni rinascimentali del refettorio. Sulla parete occidentale – l'altra parete lunga non sopravvisse ai bombardamenti del 1943 ed è oggi completamente ricostruita (come la volta) – rimane un fregio di finta architettura con busti di beati domenicani (Giovanni da Vercelli e Margherita d'Ungheria) entro oculi di ascendenza bramantesca. Sotto, intervallate da ghirlande, da mensole pendono *tabulae ansatae* e cartelle con salmi e motti evangelici allusivi al nutrimento (spirituale, ci mancherebbe) e alla moderazione; il refettorio era il luogo dove i frati domenicani mangiavano. Da sinistra a destra, leggiamo: *Satiabor cum apparuerit gloria tua* (Sal 16[17],15); *Beatus qui manducavit panem in regno Dei* (Sal 83,5); *Qui vos recipit me recipit* (Mt 10,40); *Aures exuriant verbum Dei* (Regula Sancti Augustini 3,2); *Pœnitentiam agite* (Mt 3,2); *Qui non manducat manducantem non [iudicet]* (Romani 14,3); *Manducamus ut evangelizemus* (Magister sententiarum, Distinctio XXXVIII, 3,2); *Carnem vestram domate* (Regula Sancti Augustini 3,1); *Sint vobis omnia comunia* (ibidem 1,3). La decorazione si interrompe bruscamente sul lato settentrionale, in corrispondenza dell'*Ultima Cena*, mentre la volta – bombardata nel 1943 – recava il consueto cielo trapunto di stelle. L'unica lunetta rimasta sulla parete lunga, a ridosso della *Crocifissione*, raffigura il profeta Isaia, il quale predice che Cristo sarà annoverato tra i malfattori ("cum sceleratis reputatus est": 53,12).

La dirompente novità dell'*Ultima Cena* fu subito evidente ai contemporanei di Leonardo. Pasquier le Moyne, accompagnando nel 1515 Francesco I re di Francia, descriveva l'affresco di Montorfano come "un crucifix non si bien fait que la dicte cène". La contrapposizione era in quel caso meramente qualitativa, ma nelle parole di Vasari (1568) assurge a valore simbolico: lo storiografo aretino menzionò la *Crocifissione* come "una Passione di maniera vecchia", e pose invece la biografia di Leonardo in apertura della *Parte terza* delle sue *Vite*, dove si narra della *maniera moderna*, ovvero degli artisti che seppero "condursi alla somma perfezione".
Lo stato di conservazione rischia di suggerire una lettura fuorviante dell'*Ultima Cena*, in termini di "sfumato", leonardesco per antonomasia; le descrizioni coeve, le numerose copie esistenti e le recenti letture critiche attestano invece la precisione, il nitore lenticolare e

quasi fiammingo dei dettagli. Vasari – ancora lui – lodò sommamente un'opera realizzata con "incredibile diligenza" e nella quale destava stupore persino la resa materica della tovaglia.
Il gran numero di copie esistenti o documentate, sin dal primo Cinquecento, è uno dei parametri più adeguati per valutare l'importanza dell'opera. Le prime riprese sono sparse in tutta la Lombardia, da Lugano ad Asola, da Ponte Capriasca (che reca i nomi di ciascun apostolo e permette quindi anche la loro identificazione sull'originale) a San Benedetto Po, ma non tutte le copie furono tratte direttamente dall'originale. Anzi, essendo questo rapidamente deperito, molti artisti preferirono rifarsi ad altre copie o alla citata incisione. La fortuna critica del capolavoro rimase immutata nei secoli: basti pensare alle riprese tardo-cinquecentesche del Vespino o del Fiammenghino. Anche in epoca neoclassica, in contemporanea allo scritto *Del Cenacolo di Leonardo da Vinci* di Giuseppe Bossi (1810), furono realizzate repliche dipinte o in diversi materiali: ricordo almeno a Vienna, nella Minoritenkirche, la grande copia musiva di Giacomo Raffaelli (1807-1811); a Roma, in San Giovanni in Laterano, il rilievo in bronzo nell'altare del Sacramento, nel transetto. Si tratta di alcuni dei tanti omaggi tributati a un'opera di capitale importanza, studiata e interpretata anche dagli artisti del Novecento (come Andy Warhol).
Successive ridipinture e numerosi restauri via via offuscarono l'originale. Le grandi superfici vuote della parete orientale e delle volte ci ricordano le tragiche vicende del complesso architettonico – i bombardamenti del 1943, dai quali miracolosamente scamparono le due grandi decorazioni delle testate – e impongono al visitatore silente ammirazione. Al 1982 si data l'avvio dei lavori di restauro, realizzati anche grazie a un generoso contributo di Olivetti, che fanno onore a chi li ha condotti e a chi li ha diretti, e che hanno portato l'opera all'attuale leggibilità. L'intervento fu realizzato tra il 1977 e il 1999, fu diretto dalla Soprintendenza ed eseguito con straordinaria perizia e cura da Pinin Brambilla Barcilon.
La recente (2014) riorganizzazione del Ministero dei Beni e delle Attività Culturali e del Turismo ha creato una nuova Direzione Generale, espressamente dedicata ai Musei, da cui dipende il Polo museale della Lombardia, che ha preso in consegna diversi musei statali, tra i quali particolare rilievo spetta al Cenacolo Vinciano. Si ha la fortuna di poter proseguire lungo un solco già tracciato, ispirante, per il bilanciato equilibrio tra necessità di valorizzazione e attenzione ai problemi di tutela, dai quali la fragilità del capolavoro leonardesco è tutt'altro che esente.

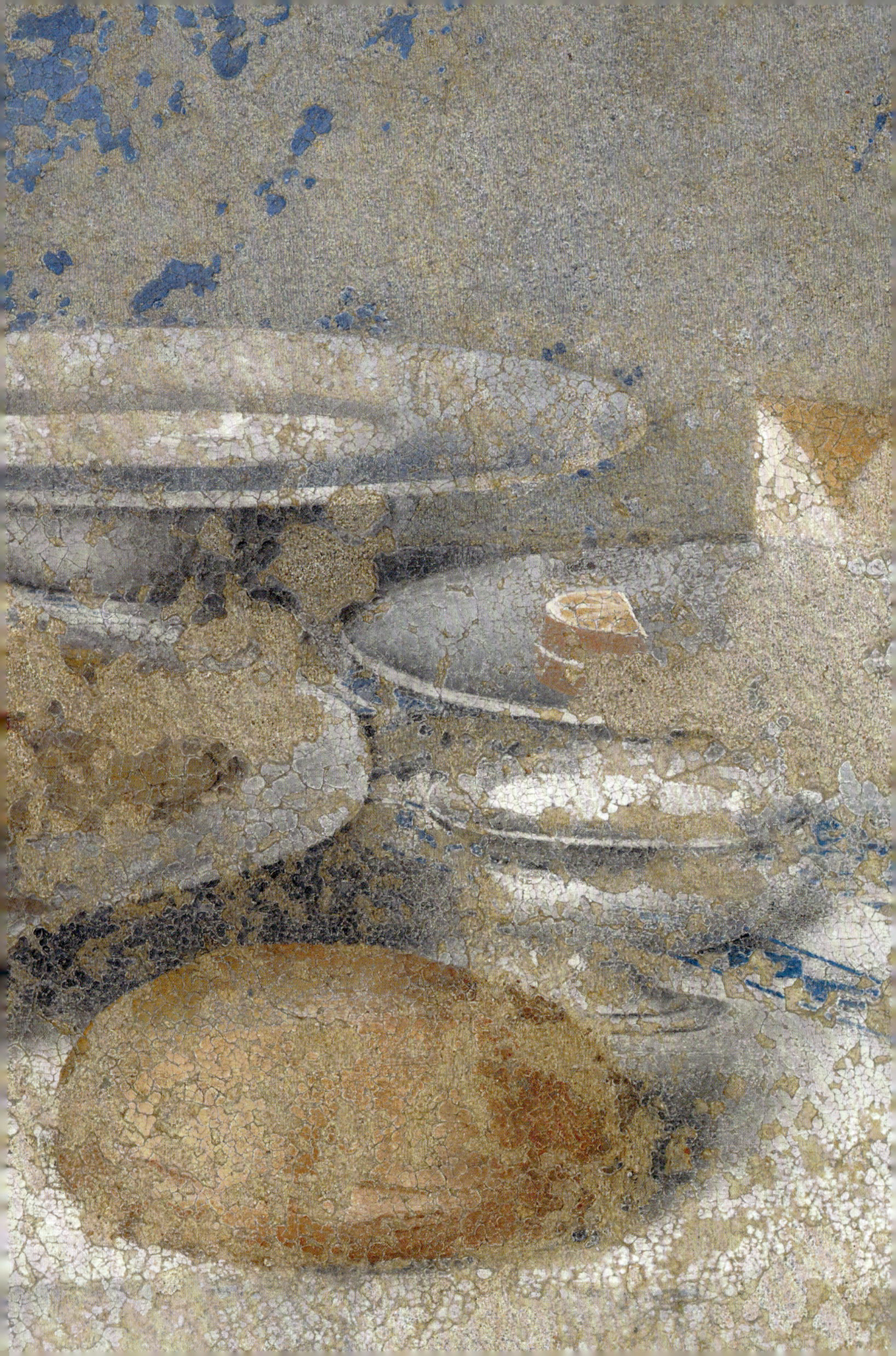

Premessa e nota alla nuova edizione

Pietro C. Marani

Il restauro del *Cenacolo* di Leonardo, compiuto tra il 1977 e il 1999, ha senza dubbio segnato una svolta nelle metodologie di restauro delle pitture murali e, forse, nella storia del restauro in generale. A dieci anni esatti dal suo compimento, il complesso lavoro di recupero della pittura, portato avanti tra mille difficoltà e ogni genere di problemi, da quello relativo al timore di avvicinarsi a un testo pittorico tanto famoso, a quello di conservare e "restituire" un'opera che la storia ci aveva consegnato alterata e manomessa – al punto da non riconoscervi se non un'"ombra" del perduto capolavoro di Leonardo – a quello, non ultimo, del suo rapporto con l'immagine che si era sedimentata da almeno un secolo nella coscienza e nel bagaglio visivo del pubblico, chiede oggi, nel 2009, di essere verificato nella sua tenuta e nei suoi risultati. L'apprezzamento della critica italiana e internazionale e il continuo ininterrotto afflusso del pubblico, che, da ogni parte del mondo, giunge ogni giorno a Milano per prendere visione di quella che rimane forse la pittura murale universalmente più celebre della storia dell'arte, corroborano nella convinzione che le Soprintendenze milanesi, insieme con l'Istituto Centrale per il Restauro e le diverse Istituzioni scientifiche internazionali che hanno fornito nel tempo la loro collaborazione e il loro supporto, abbiano preso, a far tempo dal 1977, decisioni corrette dal punto di vista conservativo ed estetico. Avviato come intervento d'urgenza in conseguenza della caduta di frammenti di pittura nel 1977 per iniziativa di Stella Matalon, la campagna di restauro vera e propria è stata avviata con decisione e intelligenza, negli anni immediatamente seguenti, da Carlo Bertelli e affidata alle cure e alla sensibilità straordinaria di Pinin Brambilla Barcilon. Già intorno ai primi anni Ottanta del secolo scorso, fu possibile apprezzare la qualità dei primi ritrovamen-

Leonardo da Vinci, *Cenacolo.* Dettagli della tavola apparecchiata: piatti, una fettina d'arancia, bicchiere (particolari).

ti e, soprattutto, l'inaspettata bellezza e quantità dei colori originali sopravvissuti sotto le croste delle ridipinture e dei rifacimenti moderni, cui si sono via via aggiunti, con le successive direzioni di Rosalba Tardito, Pietro Petraroia e Bruno Contardi (in associazione, dal 1992, con lo scrivente) sempre nuovi elementi tali da rendere meglio leggibili le forme originarie, la struttura della composizione e il senso dello spazio circolante tra figura e figura. Non che fra gli scopi che ci si era proposti all'inizio della delicatissima campagna di restauri fosse prevalente l'intenzione, e l'illusione, di ritrovare il testo pittorico di Leonardo tale e quale Leonardo lo aveva lasciato dopo aver deposto per l'ultima volta il pennello, prevalendo invece le preoccupazioni per la conservazione degli strati di colore originali di Leonardo che ancora – e se ne aveva la certezza – potevano essere sopravvissuti durante i cinque secoli della sua travagliatissima storia, anche se la qualità e la quantità dei ritrovamenti è stata tale da superare ogni aspettativa. Il dipinto ci giunge infatti comunque alterato e deformato, e non solo a causa del tempo e delle vicissitudini subite, ma anche a causa delle letture critiche e delle interpretazioni che ne sono state fatte nel passato, a causa delle copie che ne sono state tratte, e, non ultimo, a causa dell'immagine che si è sedimentata finora nella coscienza collettiva. Così, mentre i frammenti disvelati dal restauro attuale dimostrano pur sempre la loro antichità e i "segni" del tempo su di essi (quello che potrebbe comunemente definirsi come "lo spessore" storico della pittura), uno sforzo molto grande si rende necessario, da parte del visitatore, per raccordare all'"idea" sedimentata nella sua mente (in forza delle numerose riproduzioni popolari, delle fotografie comunemente circolanti, tutte ritoccate e alterate per offrire un'immagine più completa possibile della pittura) la nuova immagine che deriva dal compimento del lavoro attuale. Il testo pittorico si presenta certo in condizioni di frammento, intervallato da ampie zone in cui nulla sopravvive dell'originale. Ma i frammenti di pittura, dai colori intensi e brillanti, fra loro collegati da cautissime integrazioni all'acquerello in sottolivello (in modo da rendere sempre evidente dove finisca la pittura originale e dove inizino le aree in cui esso è perduto) concorrono a formare ora un'immagine più attendibile e più vicina al perduto insieme originario di quanto non facessero le totali ridipinture settecentesche che, oltre che alterare e deformare visi, espressioni, atteggiamenti e colori, avevano anche celato per oltre due secoli l'effetto generale della composizione, annullando ogni suggerimento di profondità, e, soprattutto, cancellando il calibratissimo gioco di luce e ombra che conferisce oggi al dipinto, frammentariamente ritrovato, quell'equilibrio tonale col quale Leonardo aveva risolto il problema del rapporto fra "chiaroscuro" e colore. Il testo che qui si presenta come prima guida alla lettura del capolavoro di Leonardo è stato scritto nel 1986 (e in quell'anno pubblicato per i tipi di Electa), nel momento in cui vivissimo era l'entusiasmo per le prime sensazionali scoperte, da me vissute in prima persona mentre prestavo servizio presso la Soprintendenza per i Beni Artistici e Storici di Milano. Ma era quello anche il momento in cui sembrava necessario avvicinare la pittura secondo strumenti critici nuovi, che tenessero conto delle letture fino ad allora proposte dagli studiosi, e specialmente da quelli di cultura anglosassone, da Sir Ernst H. Gombrich a Martin Kemp, senza dimenticare quelli italiani, da Anna Maria Brizio a Carlo Pedretti, che tendevano a calare la creazione del *Cenacolo* nel contesto, e al centro, delle speculazioni scientifiche e conoscitive di Leonardo. Ne emergeva una lettura che, definitivamente abbandonando il tono celebrativo e retorico della critica tra le due guerre, restituiva alla pittura di Leonardo il ruolo di massima espressione di quel nesso tra arte e scienza che connota tutta la sua opera e, soprattutto, di vero e proprio "manifesto" delle sue concezioni artistiche. Come tale, il lettore potrà anche trovare ambizioso (e forse anche un poco incosciente) questo primo "giovanile" tentativo di condensare in poche pagine, introduttive all'accostamento al capolavoro vinciano, il risultato di studi di cui lo scrivente ha poi più dettagliatamente ed estesamente dato conto in lavori successivi, e, soprattutto, nel volume pubblicato nel 1999, e scritto proprio con Pinin Brambilla, che costituisce a tutti gli effetti la "pubblicazione" del restauro pluriventennale condotto sulla pittura murale, una sorta di "relazione di restauro" di oltre quattrocento pagine! Non ho quindi ritenuto di intervenire nella sostanza del discorso, anche perché esso voleva essere, ed è, un primo approccio, storicamente orientato, alla visione e alla comprensione della celebre pittura murale. Esso risulta quindi pressoché inalterato in tutta la sua prima parte (quella appunto che tenta di ricostruirne la storia e il significato), mentre qualche rettifica e aggiunta si è resa necessaria nella sua parte finale, là dove si accenna appunto ai risultati del restauro, allora in corso d'opera, e oggi giunto alla sua conclusione. Dato che questa impegnativa campagna di restauro ha anche risentito della sua lunga durata, con sensibili cambiamenti di indirizzo e di metodologia (ma pur sempre mantenendo l'alto grado di recupero filologico che l'aveva ispirato sin dall'inizio), che si sono riflessi nei resoconti e negli studi che hanno accompagnato l'evolversi dell'intervento, si è anche aggiunta una nota bibliografica in fine dove il lettore più interessato potrà trovare motivo d'approfondimento. Uno dei dati materiali che il restauro ha

definitivamente confermato riesaminando recentissimamente le stratigrafie, riguarda, ad esempio, il tipo di tecnica impiegata da Leonardo: le analisi chimiche e fisiche condotte sui campioni di pittura hanno stabilito oltre ogni ragionevole dubbio che si tratta di una pittura a tempera, forse poi velata in alcuni punti con olio, su due strati di preparazione gessosa. E su un altro fronte, quello dell'interpretazione dello schema prospettico adottato da Leonardo, il ritrovamento delle linee da lui incise nella parte superiore sinistra della composizione, e la definitiva lettura della fascia all'estrema destra dopo il primo arazzo come un intervallo di muro raffigurato in prospettiva, hanno consentito di confermare che l'artista abbia riprodotto sulla parete un ambiente fittizio più largo del refettorio reale, per suggerire uno sfondamento illusionistico della parete assai più scenografico, dal quale irrompessero con evidenza tridimensionale la tavola e le figure di Cristo e degli Apostoli.
(2009)

Il mio testo sul *Cenacolo* pubblicato in questa Guida vede la luce a sette anni dalla precedente edizione Skira, e a trenta anni esatti dalla sua prima pubblicazione. È quindi motivo di compiacimento il fatto che – oltre a essere stato nel frattempo tradotto in inglese, francese, tedesco, spagnolo, portoghese, russo, cinese e giapponese per i tipi di Skira – sia stato riconfermato nella sua validità anche dalla Direzione attuale del Polo Museale Regionale della Lombardia, che ha oggi in carico il Museo del Cenacolo, e che ha ritenuto di dovervi anche aggiungere alcuni altri testi introduttivi e sulle vicende dei restauri antichi, lasciandolo tuttavia inalterato nei suoi contenuti. Stante tuttavia che le attenzioni degli Uffici preposti alla conservazione e alla tutela del capolavoro vinciano non sono mai venute meno neanche a restauro concluso, anzi, non solo essi hanno continuato a occuparsi della manutenzione e della cura della pittura murale e dell'ambiente in cui esso è conservato, ma si sono adoperati per approfondire gli studi e le ricerche per una miglior conoscenza della sua tecnica e della sua storia anche in anni recentissimi (come le indagini condotte dai Laboratori di Restauro della Venaria Reale di Torino), si sono aggiunte, in fine alla Nota Bibliografica, alcune pubblicazioni che potranno risultare di qualche utilità per chi intendesse avere un aggiornamento degli studi sul *Cenacolo* negli ultimissimi anni.
(2016)

Il Cenacolo di Leonardo

Un foglio conservato nella Royal Library a Windsor Castle, n. 12542 r, ci trasmette i primi pensieri di Leonardo per l'*Ultima Cena* di Santa Maria delle Grazie[1]. Vi compaiono cinque studi di figura: nel più grande, in alto nel foglio, è raffigurato il raggruppamento di otto o nove apostoli e del Cristo, con Giuda che siede al di qua della tavola; la scena è ambientata contro una parete su cui s'impostano i peducci di una volta che determinano una teoria di lunette, proprio come accade realmente nelle pareti lunghe del refettorio delle Grazie (anche se non si può assolutamente credere che Leonardo pensasse di raffigurare la *Cena* su una di queste pareti: le figure sarebbero infatti risultate enormi). Il disegno del gruppo principale, cui imprime animazione il segno a penna mobilissimo e guizzante, è volutamente abbreviato: le teste sono appena definite nei loro lineamenti da tratti incrociati, descriventi le arcate sopraccigliari e il naso, e da macchie.
Il secondo disegno, a destra del foglio, rappresenta invece, in scala leggermente maggiore rispetto al precedente, il gruppo di Cristo, Giovanni, Pietro e Giuda secondo le parole del Vangelo di Giovanni (13, 21-26): "Dette queste cose, Gesù si commosse profondamente e dichiarò: 'In verità, in verità, vi dico: uno di voi mi tradirà.' I discepoli si guardarono gli uni gli altri, non sapendo di chi parlasse. Ora uno dei discepoli, quello che Gesù amava, si trovava a tavola a fianco di Gesù. Simon Pietro gli fece un cenno e gli disse: 'Di' chi è colui a cui si riferisce?' Ed egli reclinandosi così sul petto di Gesù, gli disse: 'Signore, chi è?' Rispose allora Gesù: 'È colui per il quale intingerò un boccone e glielo darò.' E intinto il boccone, lo prese e lo diede a Giuda Iscariota, figlio di Simone". Leonardo ha dunque dapprima scelto di raffigurare il momento su cui già da secoli si era esercitata la tradizione figurativa: quello in cui Cristo dà il pane a Giuda, cosi identificandolo come il traditore.

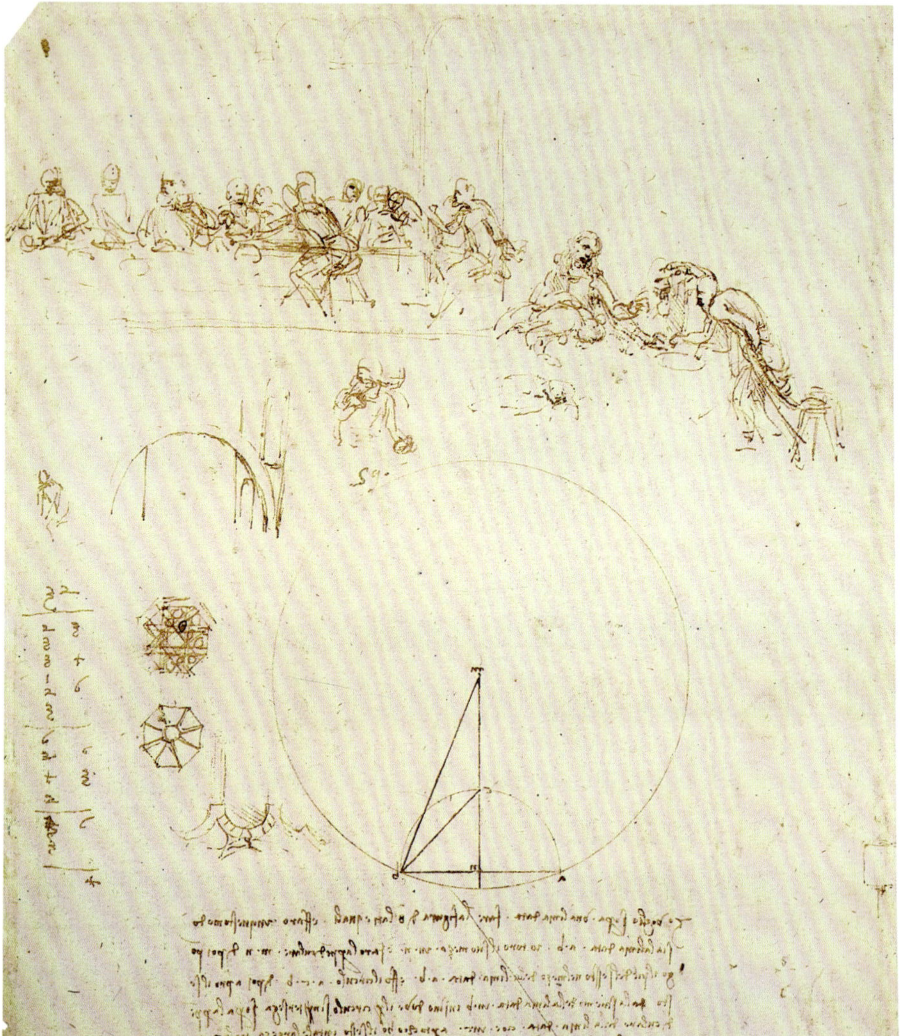

Leonardo da Vinci,
Quattro studi per il Cenacolo, 1490-1492 circa
Penna e inchiostro su carta, 266 x 214 mm
Windsor Castle, Royal Library (inv. RL 12542),
H.M. Queen Elizabeth II.

Come ha riferito Jack Wasserman, fra le prime raffigurazioni di quest'episodio riportato da Giovanni (Luca parla invece dell'identificazione di Giuda attraverso il congiungimento delle sue mani con quelle di Cristo, scena che non sembra sia mai stata rappresentata nell'arte) sono da annoverarsi, ad esempio, un rilievo della cattedrale di Volterra, un altro, del XII secolo, in San Giovanni Fuoricivitas a Pistoia, e un affresco trecentesco nell'abbazia di Viboldone, appena fuori Milano[2].
Ma ciò che più colpisce, nel disegno di Leonardo, è lo straordinario particolare del braccio sinistro del Cristo presentato in due posizioni: l'una distesa, nell'atto di raccogliere o porgere il pane, l'altra contratta, nel gesto di indicare o di muoversi verso il piatto. Ne risulta una sorta di sequenza per fotogrammi che imprime azione e vita alla scena. Questa si carica inoltre della reazione dell'apostolo Pietro che, come stupito, con aria inquisitiva e arcigna, scruta Giuda portandosi la mano alla fronte, espressione a sua volta in contrasto con quella di Cristo, che è invece già dolente, pietosa e rassegnata. È veramente incredibile come in pochi tratti e macchie di penna, e in pochi centimetri di carta, Leonardo sia riuscito a concentrare tali variazioni di attitudini, movimenti, espressioni e significati. E ciò fa sempre più rimpiangere che sul grandioso dipinto murale, dove ben maggiori devono essere state le sottili variazioni, rispondenze e risonanze fra personaggio e personaggio, molto sia andato perduto. Ancora più importante risulta perciò questo foglio di Windsor, e fra i superstiti e preparatori al dipinto, certamente il più significativo[3].
A ciò si deve aggiungere un'altra serie di considerazioni preliminari all'accostamento al capolavoro leonardiano. Il foglio qui discusso, Windsor 12542, oltre ad altri disegni di figure in rapporto col *Cenacolo,* presenta, tanto nel *recto* quanto nel *verso*, diversi studi di archi-

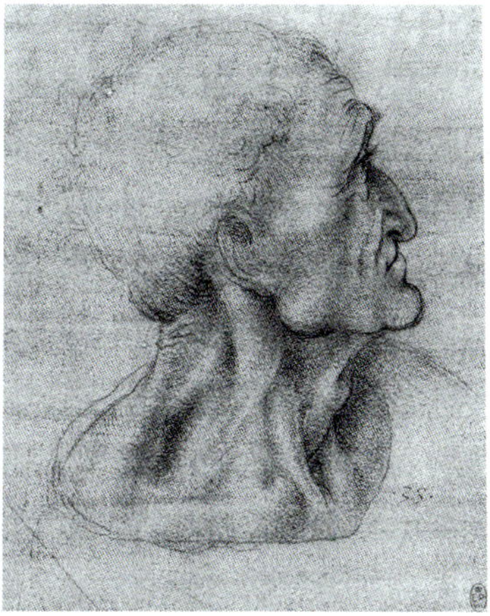

Leonardo da Vinci, *Studio per Giuda*, Windsor Castle, Royal Library (inv. RL 12547), H.M. Queen Elizabeth II.

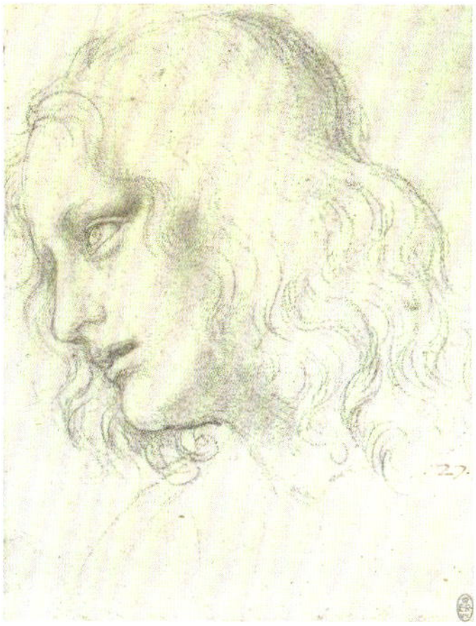

Studio per la testa di Filippo, 1493-1494 circa Gessetto nero su carta, 188 x 147 mm Windsor Castle, Royal Library (inv. RL 12551), H.M. Queen Elizabeth II.

tettura, geometria e meccanica, particolarmente interessanti, oltre che per una conferma della datazione del foglio attorno al 1492-1494, perché pongono in rapporto gli studi per il *Cenacolo*, e il *Cenacolo* stesso, con un periodo particolarissimo dell'attività di Leonardo, contraddistinto da un'amplissima sfera di interessi e di ricerche. È il decennio 1490-1499, uno dei più fervidi e stimolanti per Leonardo, e non solo per la sua attività artistica. Egli si dedica in questo periodo con particolare intensità, ad esempio, anche allo studio del moto e dei fenomeni meccanici e questo in parallelo all'elaborazione di osservazioni e note da far poi confluire, così almeno egli sperava, in un coerente e organico *Trattato della pittura*. Il riflesso degli studi di meccanica, di balistica, di quelli sulla ripercussione del moto dei razzi visivi, del suono e, finalmente di quelli anatomici intesi come studi di meccanica applicata al corpo umano, è già facilmente individuabile nel disegno 12542 r di Windsor e confluisce interamente nel *Cenacolo*.

Nel dipinto non ritroviamo però la raffigurazione del momento della storia della Passione che Leonardo aveva scelto in una fase iniziale degli studi preparatori quale quella trasmessa dal foglio di Windsor. Leonardo, non sappiamo attraverso quali stadi progettuali e disegni, presenta nel dipinto il momento immediatamente precedente l'identificazione di Giuda, quello in cui egli pronuncia le parole "Uno di voi mi tradirà", parole che producono l'immediato stupore e la reazione emotiva degli apostoli, con Pietro che si rivolge a Giovanni per chiedergli di interrogare Gesù, proprio come dichiara il passo del Vangelo di Giovanni sopra citato (per questo Giovanni non appare reclinato sul petto di Gesù, come nelle raffigurazioni tradizionali dell'*Ultima Cena*, ma se ne discosta in quanto invitato da Pietro a chiedere spiegazioni a Cristo). Ecco dunque le parole di Cristo "Uno di voi mi tradirà" ripercuotersi come onde sonore sugli apostoli, rimbalzando da uno all'altro e determinando la varietà dei loro gesti, delle loro attitudini e dei movimenti, come se si trattasse della perfetta trasposizione figurata del diagramma di

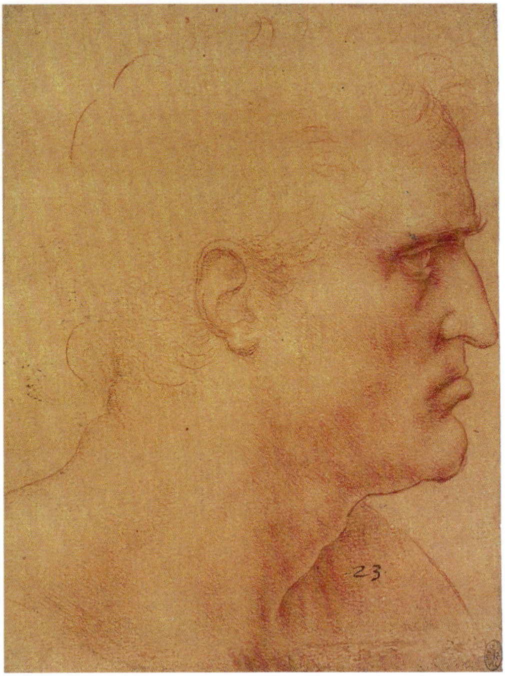

Leonardo da Vinci, *Testa di una figura virile in profilo verso destra*, 1496-1497 circa Gessetto rosso su carta, 190 x 146 mm Windsor Castle, Royal Library (inv. RL 12548), H.M. Queen Elizabeth II.

Studio per la testa di Giacomo Maggiore, con quattro disegni d'architettura, 1492-1494 circa Gessetto rosso, penna e inchiostro, 251 x 171 mm Windsor Castle, Royal Library (inv. RL 12552), H.M. Queen Elizabeth II.

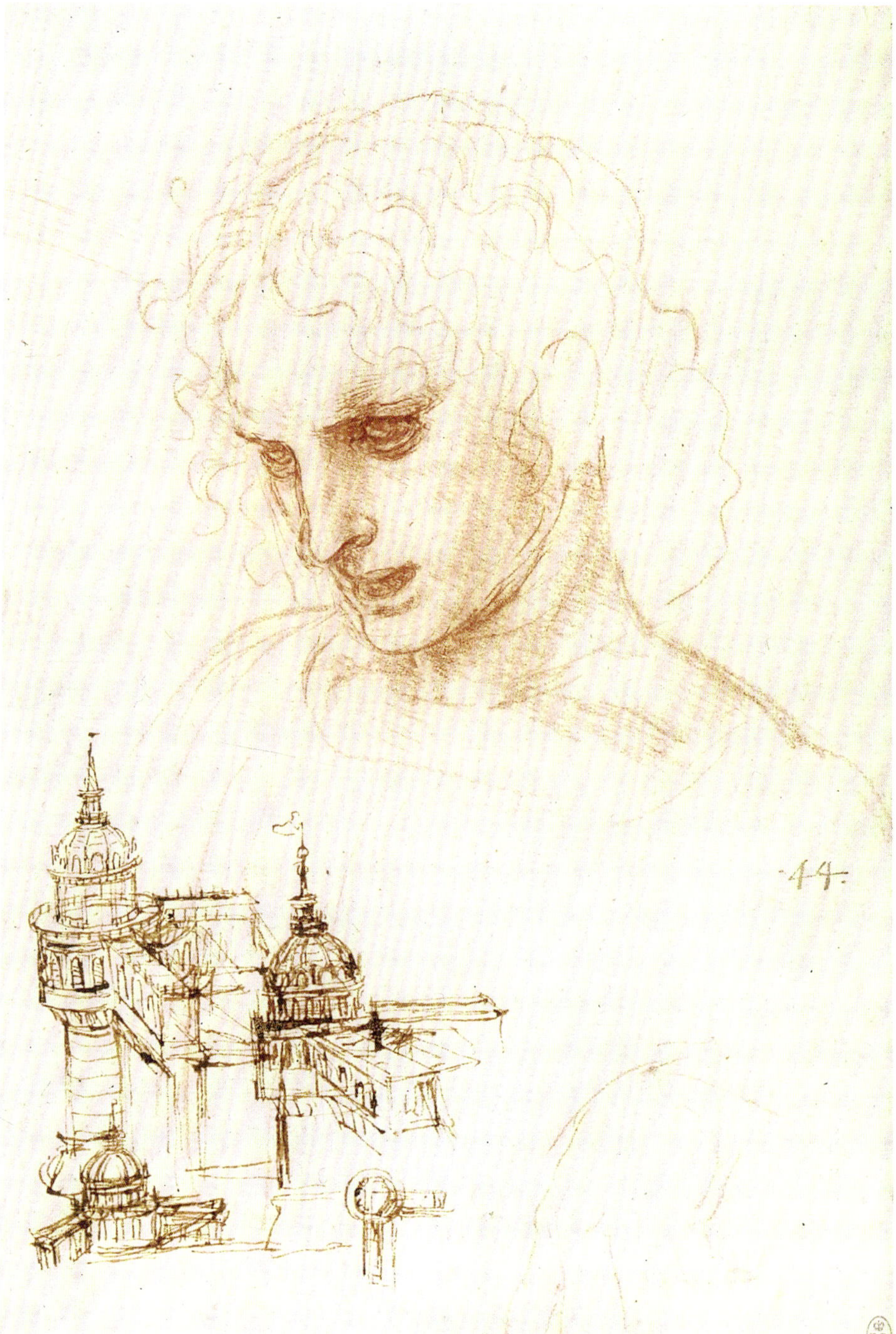
14

una legge acustica, di ottica e di dinamica[4], dove le reazioni differenziate degli apostoli equivalgono al differente grado di riflessione e rimbalzo di un razzo visivo a seconda del tipo di superficie che lo riflette. Ciò viene confermato da alcune osservazioni di Leonardo e, in particolare, da due passi che si trovano in un manoscritto interamente dedicato a problemi d'ombra e luce, il Ms. C dell'Institut de France, foglio 16 r, databile attorno al 1490, in cui Leonardo paragona la diffusione del suono a quella dei razzi visivi: "De' moti rifressi. Io disidero difinire perché i moti corporei e spirituali, dopo la percussione da loro fatta nell'obbietto, risaltino indirieto infra equali angoli. De' moti corporei. La buoce [voce] d'eco dico essere refressa dalla percussione all'orecchio, come all'occhio le percussioni fatte nelli specchi dalle spezie delli obbietti. E sì come le similitudine cadenti dalla cosa allo specchio e dallo specchio all'occhio infra equali angoli, così infra equali angoli caderà e risalterà la voce nella concavità dalla prima percussione all'orecchio". Queste similitudini fra la propagazione del suono e quelle dei raggi visivi e, ancora, fra quella e la diffusione delle onde nell'acqua attorno a un punto percosso, si rintracciano anche in manoscritti quasi esclu-

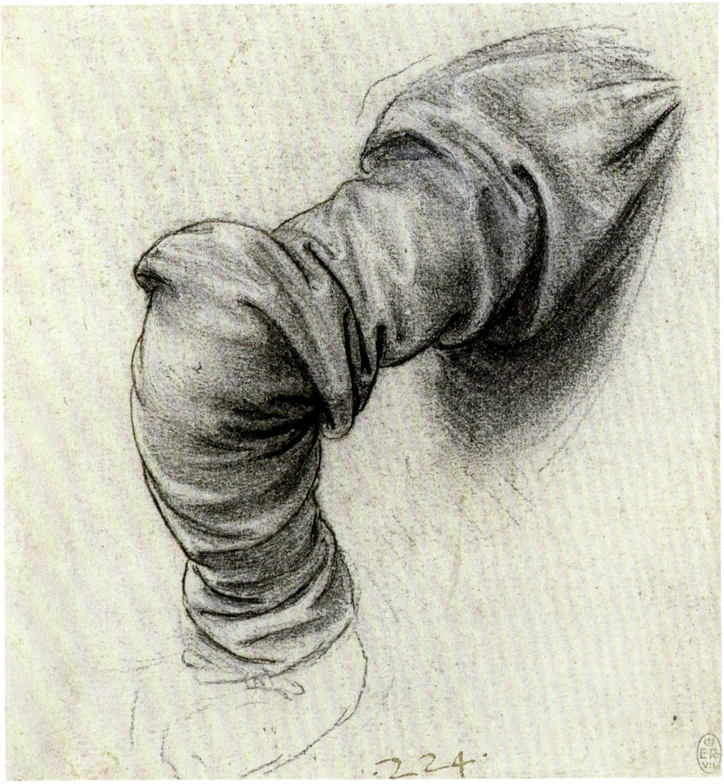

Leonardo da Vinci, *Studio per il braccio destro di Pietro*, 1493-1494 circa
Gessetto nero rialzato di biacca, parzialmente rinforzato in penna e inchiostro seppia, su carta, 166 x 154 mm
Windsor Castle, Royal Library (inv. RL 12546), H.M. Queen Elizabeth II.

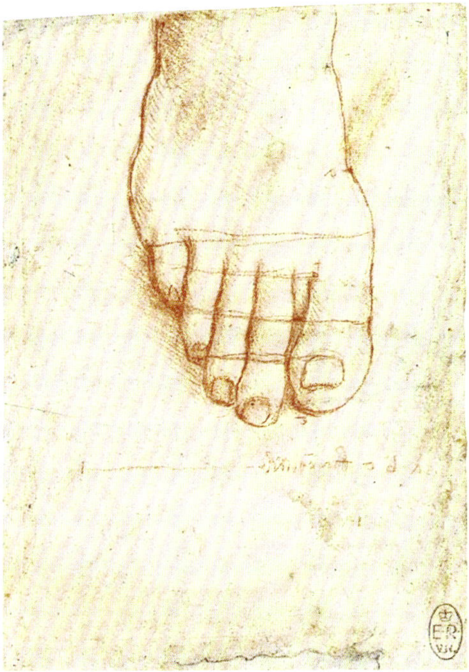

Leonardo da Vinci, *Studio per il piede destro di Cristo*, 1493-1494 circa
Gessetto rosso su carta, 99 x 70 mm
Windsor Castle, Royal Library (inv. RL 12635 *recto*), H.M. Queen Elizabeth II.

sivamente dedicati a problemi di pittura come, ad esempio, ai fogli 9 v e 19 v del Ms. A di Parigi, 1490-1492 circa, e ancora nel Ms. H, foglio 67 r[5], e in un foglio più antico, 1490 circa, del Codice Atlantico, foglio 1041 r (ex foglio 373 r-b) che reca la seguente conclusione: "La pietra, dove percuote la summità de l'acqua, causa circa sé circuli, i quali tanto vanno ampliando che si perdeno; e anche l'aria, percossa da voce o da strepito, similmente, partendosi circularmente, se va perdendo sì che el più vicino meglio intende e 'l più lontano manco ode". Parole che sembrano proprio fornire un'illustrazione letterale degli atteggiamenti degli apostoli intorno a Cristo.

Non si può, insomma, nell'accostarsi all'*Ultima Cena*, prescindere dai diramati studi di ottica, di meccanica e di dinamica che hanno occupato Leonardo negli anni immediatamente precedenti e in quelli stessi in cui compiva il dipinto. In questo, nonostante il fin troppo esibito schema prospettico (apparentemente così semplice da nascondere per questo un'altra chiave di lettura), sembra perfino di rintracciare un rimando alla stessa forma circolare, sempre amata da Leonardo in quanto propulsiva di vita e allusiva ad armoniosi rimandi. Il raggruppamento delle figure a tre a tre, spesso sottolineato dalla critica, come governato da una forza che si espande dal centro della composizione – il Cristo – verso l'esterno, ma che ritorna ad avvicinarsi al suo nucleo propagatore proprio come un'onda "refressa" – il gruppo dei tre apostoli all'immediata sinistra del Cristo, con Giacomo e Tommaso che si protendono verso di lui –, non è infatti l'unica trama che colleghi la varietà delle figure e dei movimenti. Uno schema più generale e di più ampio respiro, a guisa di un grande semicerchio, come a descrivere un'abside, sembra presiedere alla disposizione degli apostoli intorno a Cristo. Questa sensazione sembra suggerita dal maggior peso ottico delle figure all'estremità della tavola e dall'allontanamento verso piani più profondi di quelle situate nelle zone intermedie. La profondità di questa vasta nicchia sembra misurata nel suo spessore dall'apertura delle braccia di Giacomo Maggiore e in essa – in pianta sarebbe una specie di "lunula" – trova esatta collocazione la tavola drappeggiata che, per

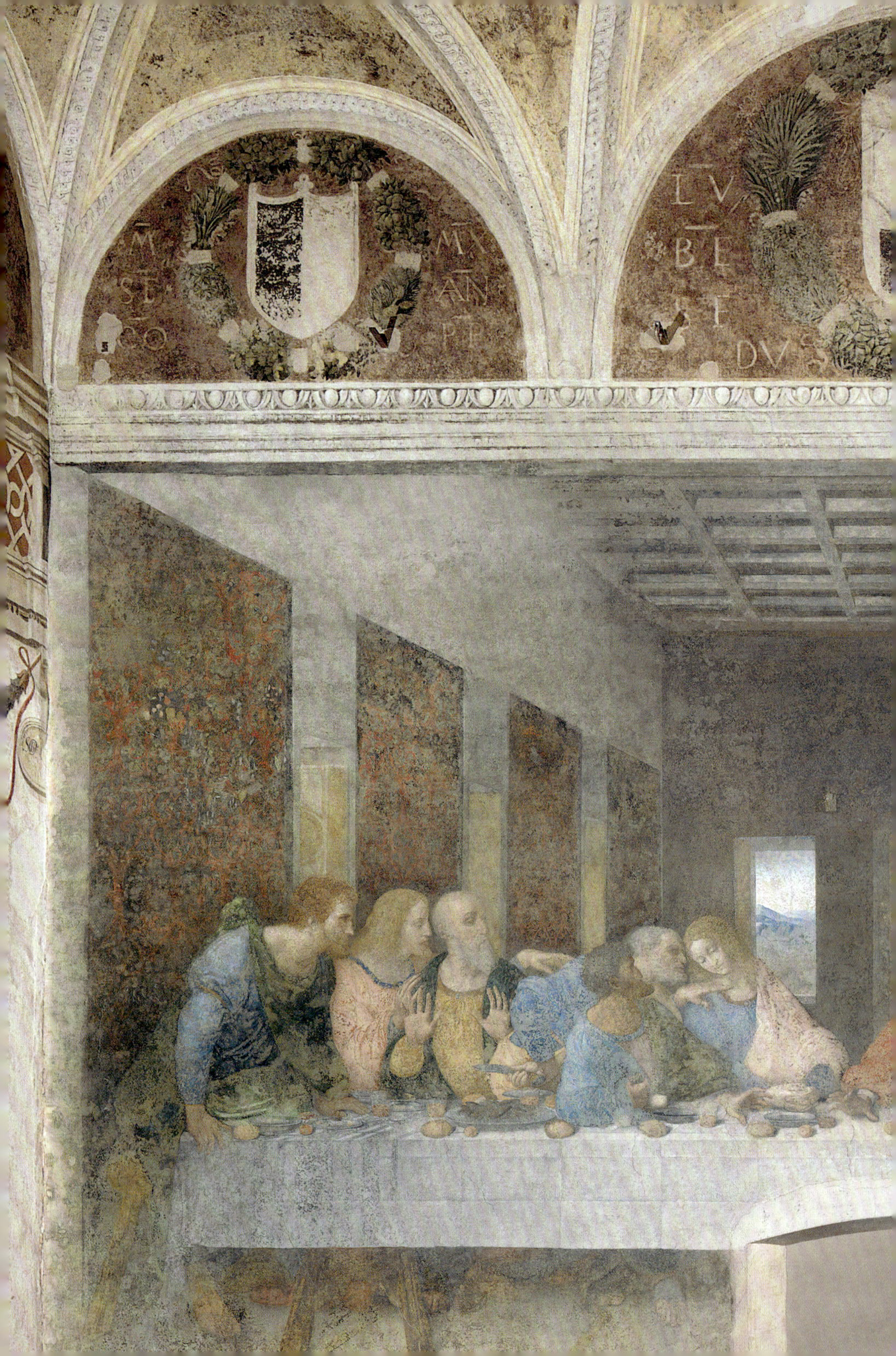

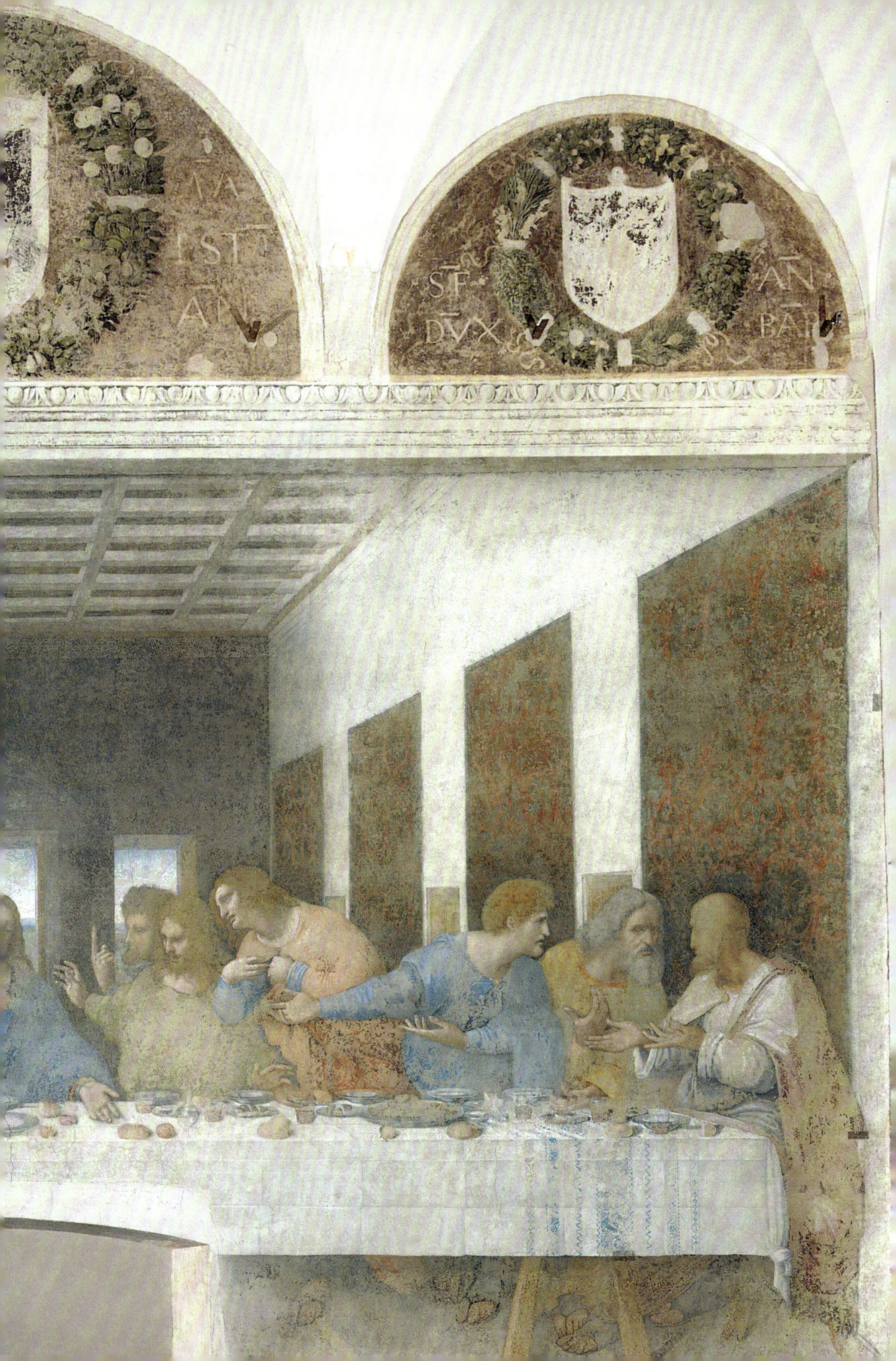
SF
DVX

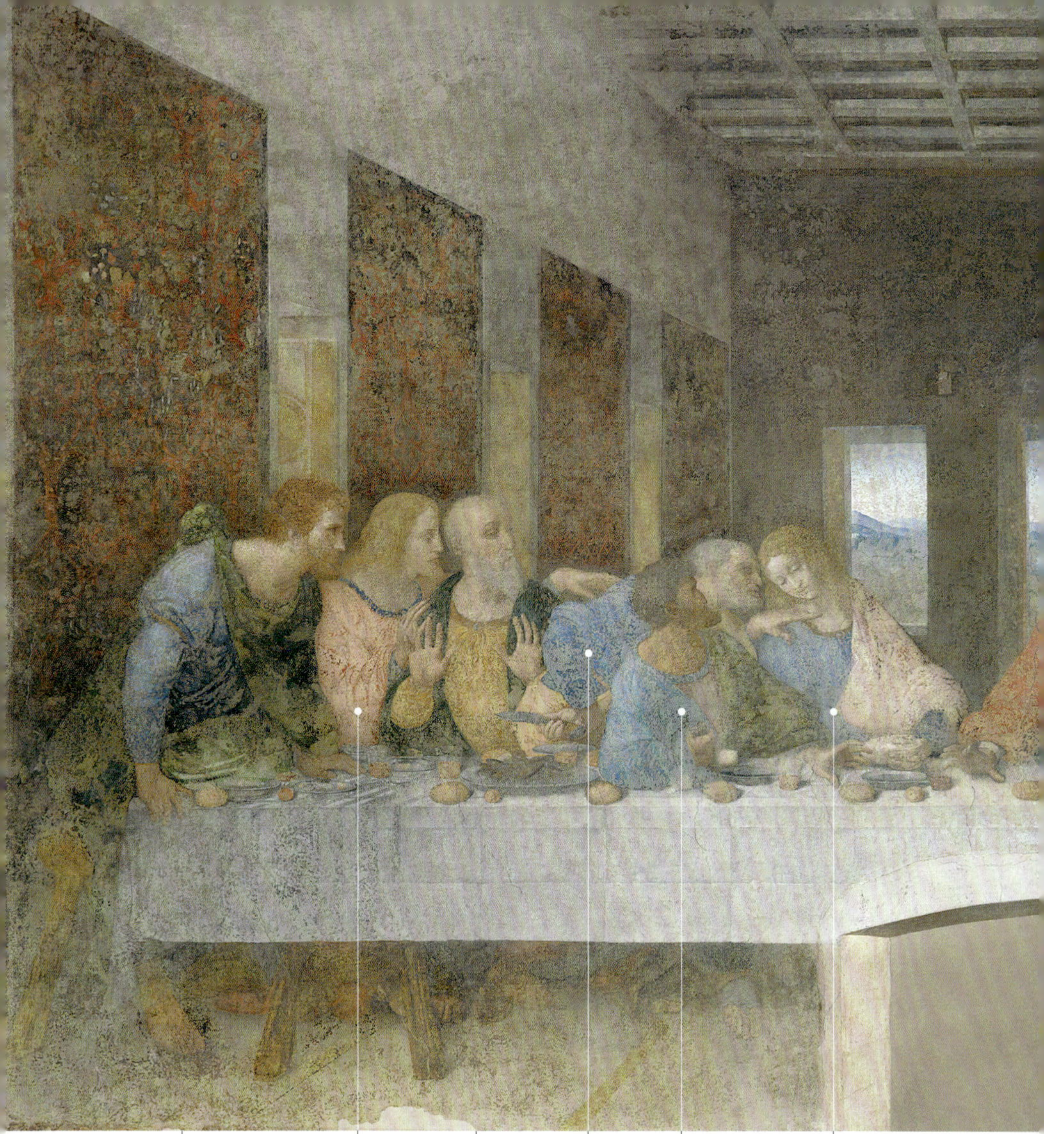
Bartolomeo
Giacomo Minore
Andrea
Simon Pietro
Giuda
Giovanni

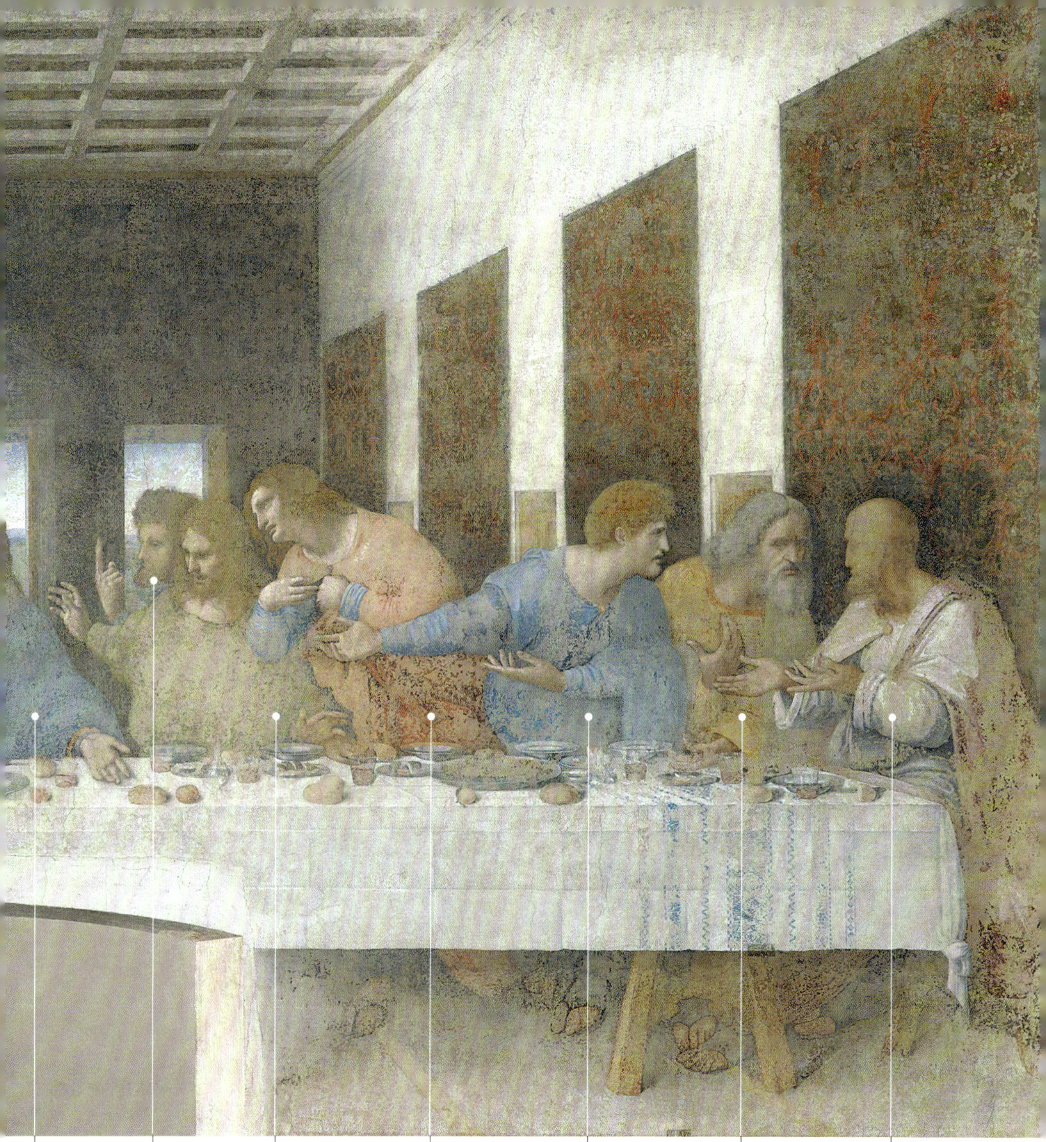
Gesù
Cristo
Tommaso
Giacomo
Maggiore
Filippo
Matteo
Giuda
Taddeo
Simone
Zelota

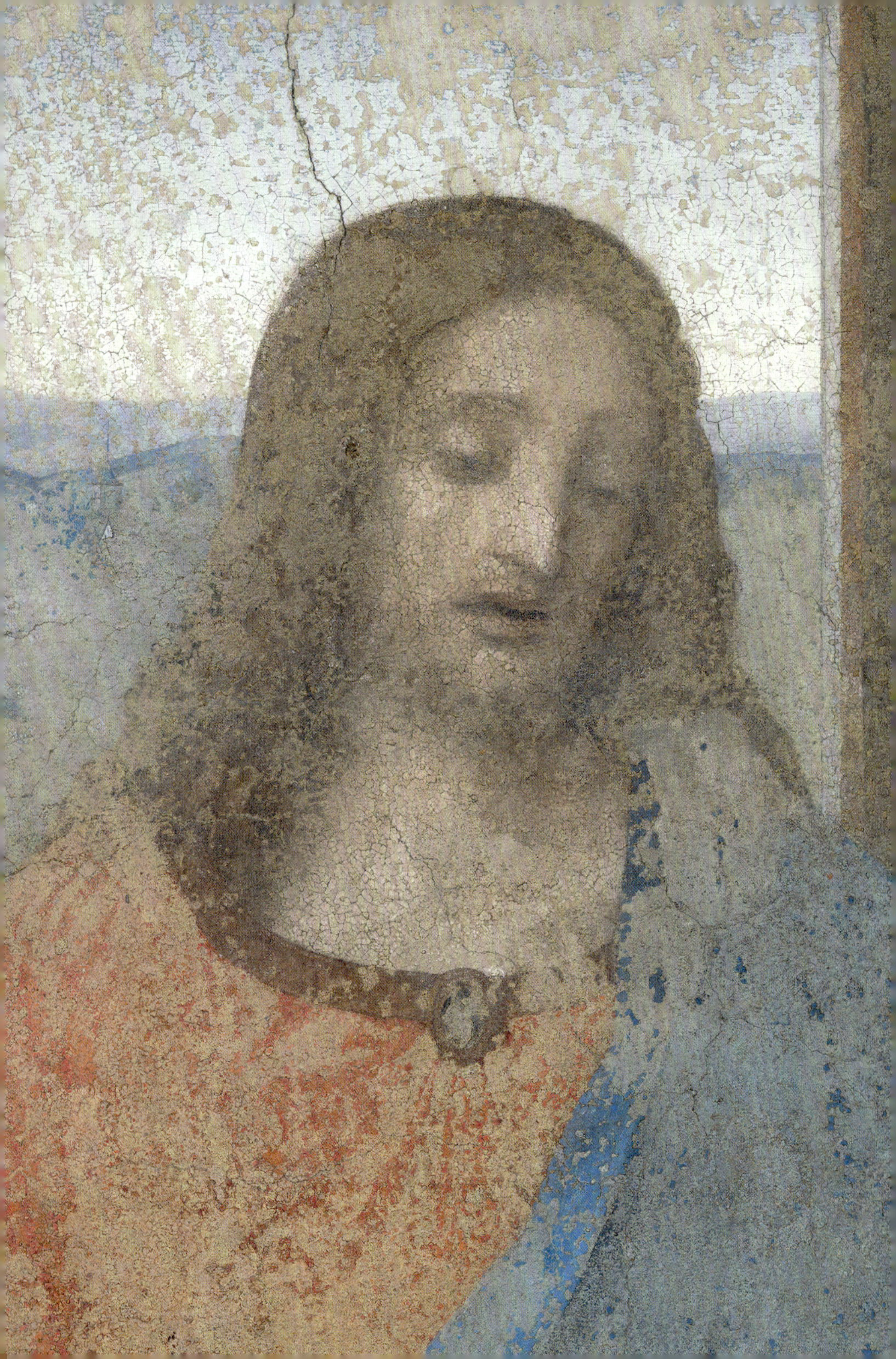

Leonardo da Vinci, *Cenacolo.* Il volto di Cristo (particolare).

Alle pagine successive Leonardo da Vinci, *Cenacolo.* I gruppi degli apostoli (particolari).

essere molto lunga, sembra a sua volta produrre l'effetto ottico di una maggior altezza verso il suo centro, così equilibrando, avanzandolo, l'arretramento del Cristo. Gli apostoli sembrano così disporsi come raggi di una ruota verso di lui, anche se sono evidenti, negli assi delle figure, variazioni che differiscono da questo schema generale.

Più che la gestualità in chiave espressiva delle mani, forse non esente da espedienti retorici, più sottili variazioni sono percepibili nelle inclinazioni delle teste: due sole appaiono in netto profilo ed esattamente perpendicolari alla tavola, quelle di Bartolomeo e di Matteo, ai lati opposti della tavola; una, quella di Simone, in *profil perdu*, come se ruotasse entro lo spazio, mentre le altre sono disposte ora di tre quarti, ora inclinate rispetto al piano frontale del dipinto, con una casistica che rifugge dalla presentazione ortogonale. Anche la seconda testa da sinistra, che sembra di profilo, dovrebbe essere, in realtà, leggermente inclinata verso il primo piano, come si può ben scorgere nella copia della Royal Academy di Londra (una delle copie più antiche e più fedeli) e come si può meglio intendere anche nel dipinto murale a restauro concluso.

La testa di Cristo, sia perché evidenzi il punto di fuga prospettico, sia perché segni un'effettiva profondità spaziale rispetto al piano della mensa, risulta di dimensioni leggermente inferiori alle altre (circa 33 cm di altezza), laddove queste, comprese quelle estreme (Bartolomeo e Simone) che sembrerebbero più grandi, hanno quasi tutte una stessa altezza (36-37 cm). Quest'uniformazione della grandezza delle teste, però attenuata dallo scorciare di quelle che si situano obliquamente rispetto al piano del dipinto, può talvolta produrre un senso di fastidio, come se esse affiorassero in superficie verso il piano frontale della mensa: la testa, ad esempio, di Tommaso, che pur dovrebbe situarsi ben in profondità, ed essere perciò più piccola, è invece più alta di quella del Cristo. Con tutto questo è però indubbio che Leonardo volesse offrire un compendio quanto mai vasto dei "moti dell'animo" riflessi nelle molteplici attitudini ed espressioni umane (dagli studi per le espressioni degli apostoli derivano molto probabilmente i numerosi disegni di teste "caricate" e anche le "teste grottesche", dove gli studi di fisiognomica sono portati alle estreme conseguenze).

Quale altro test, quali altre parole, se non quelle pronunciate dal Cristo, potevano servire a illustrare le teorie artistiche ed estetiche di Leonardo a questo proposito, fatte esplicite anche dal contemporaneo *memorandum* del Codice Foster II, fogli 62 v-63 r[6], e da diverse note per il *Trattato della pittura*, come, ad esempio, da questa: "Tanto sono varj i movimenti degli uomini, quante sono le varietà degli accidenti che discorrono per le loro menti: e ciascuno accidente in sé muove più o meno essi uomini, secondo che saranno di maggior potenza,

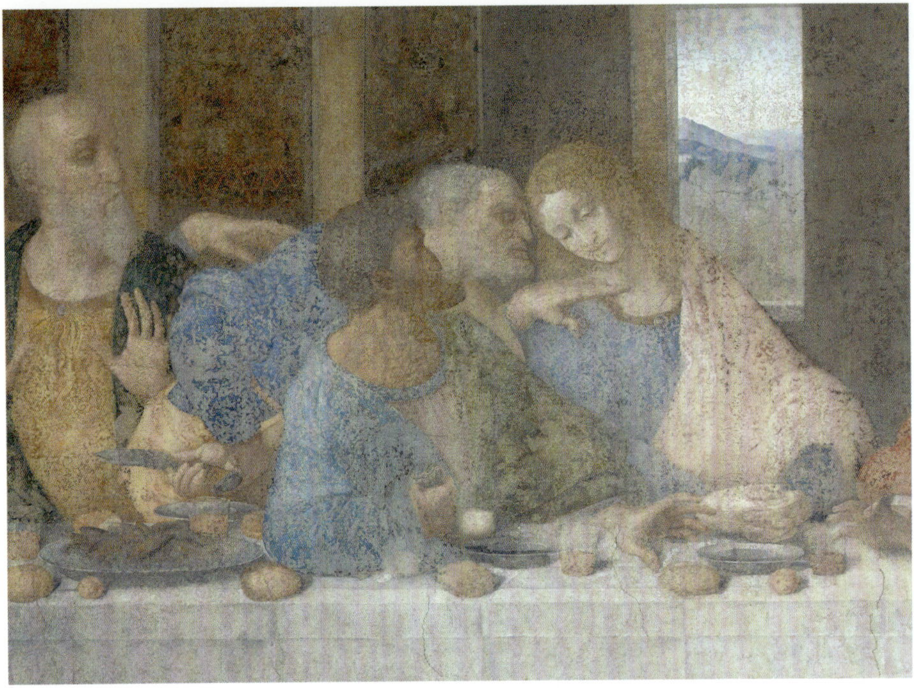

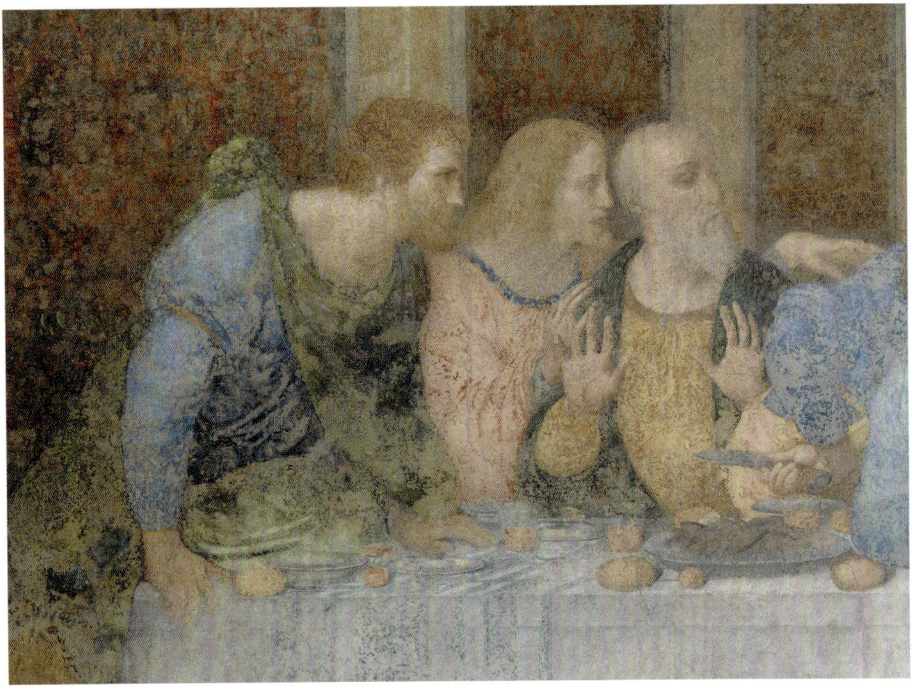

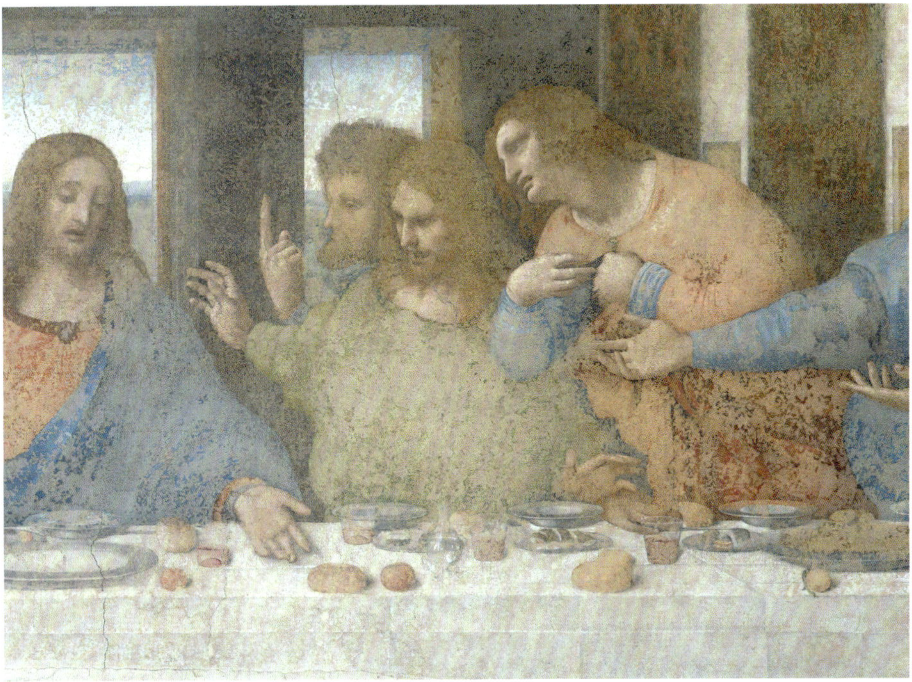

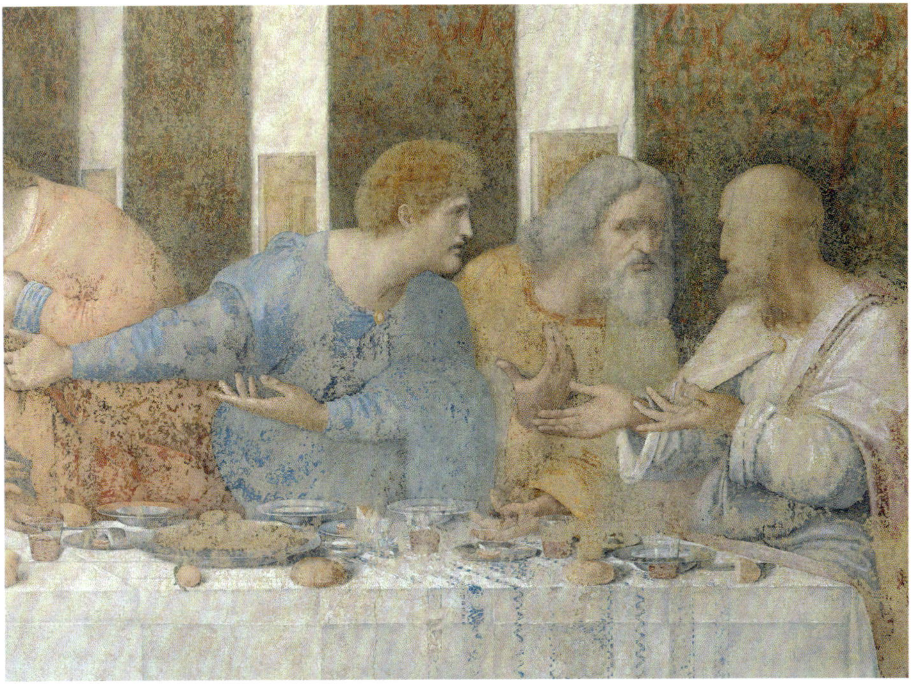

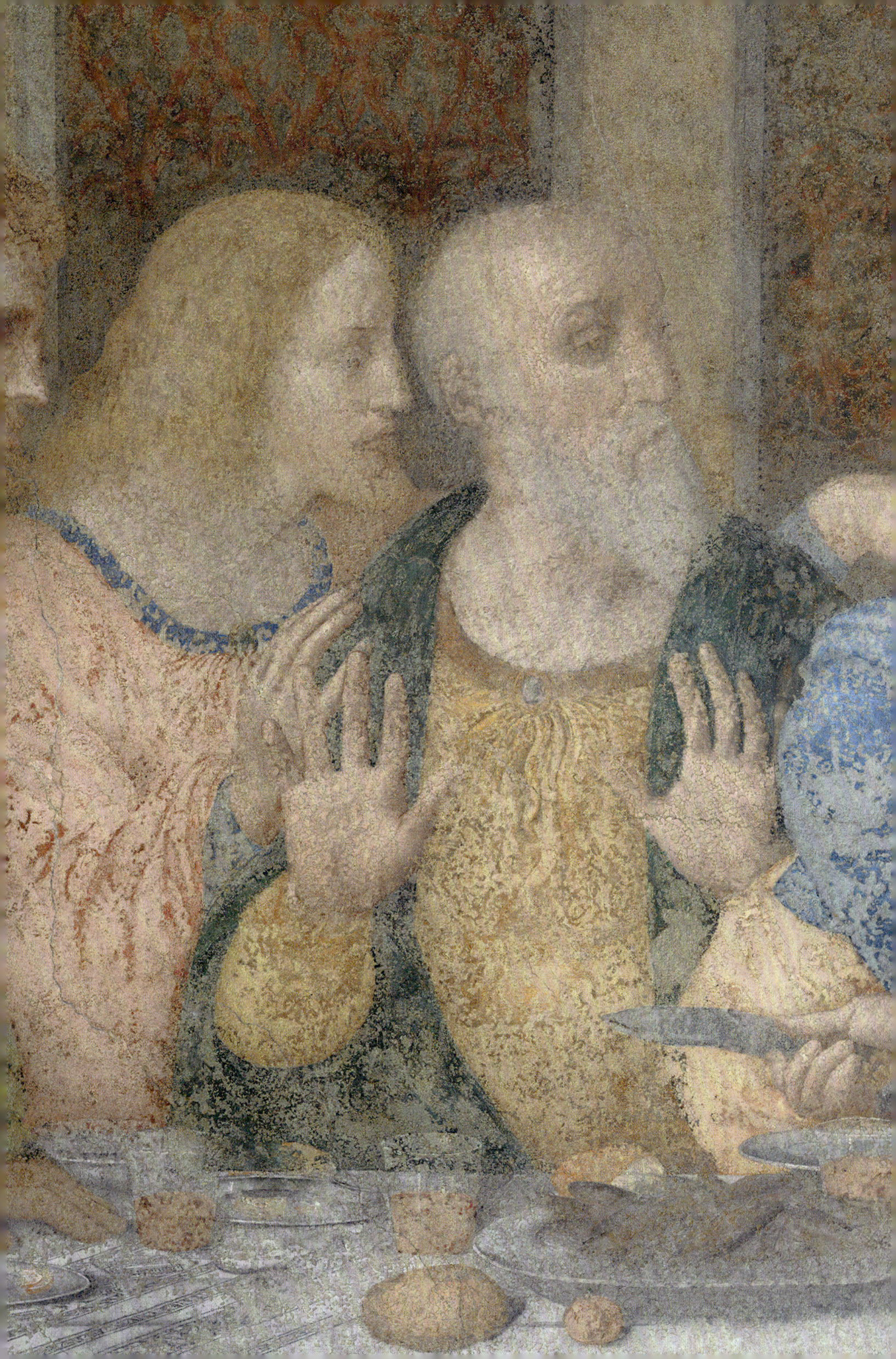

Leonardo da Vinci, *Cenacolo*.
Da sinistra, le figure di Giacomo Minore e Andrea (particolare).

e secondo l'età; perché altro moto farà sopra un medesimo caso un giovane che un vecchio", dove la terminologia (movimenti, accidenti, muove, maggior potenza, moto...) e il processo mentale sottinteso sono quelli stessi che Leonardo applica, nella meccanica e nella dinamica, allo studio delle cause del moto "accidentale" o indotto.

Se questa concatenazione di moti spirituali e di reazioni in termini di attitudini e fisionomie è ciò che Leonardo intendeva consegnare alla storia come forma compiuta del suo manifesto programmatico (perfettamente aderente alla visualizzazione di un passo dei Vangeli), il contesto spaziale – l'invaso a prima vista rettangolare del finto refettorio in cui si collocano Gesù e gli apostoli – risulta allora un semplice contenitore, realizzato non tanto per dare continuità illusoria al refettorio reale (anche se, anticamente, quest'effetto doveva essere assai più evidente che non oggi, soprattutto se pensiamo ai toni chiari che appaiono e all'illuminazione originaria della stanza)[7], ma per accelerare e concentrare la scena su Cristo, sull'attore principale del dramma che si compie davanti a noi e da cui scaturisce tutto il "moto", leonardianamente inteso ("il moto nasce dalla forza", con un'allusione evidente alla forza spirituale di Cristo, essendo nota la definizione assegnata da Leonardo stesso alla forza: "Forza è una virtù spirituale"), in una prefigurazione precisa anche di teorie vinciane più tarde che fanno riferimento al "Primo Motore", a Dio, su cui si è ben soffermato recentemente Martin Kemp[8]. La parola di Cristo, il Verbo di Dio, anima la scena raffigurata e imprime perciò vita e moto all'universo tutto.

Il problema della costruzione prospettica del *Cenacolo*, dopo quanto esposto, risulta perfino marginale e non potrà forse essere mai risolto definitivamente, forse nemmeno dopo che saranno state ben rilevate e studiate anche le linee incise messe in luce nella parte alta della composizione[9], in quanto volutamente lasciato ambiguo da Leonardo stesso che sembra aver deliberatamente occultato i pochi appigli sicuri per una eventuale ricostruzione dello schema prospettico (le due pareti dipinte proseguono infatti oltre il piano frontale del dipinto) e aver impresso alla stanza una prospettiva accelerata più che una prospettiva staticamente codificata dalla tradizione fiorentina che egli, contemporaneamente, stava peraltro rimettendo in discussione[10]. Ne risulta così, più che l'immagine in prospettiva di una stanza rettangolare, l'immagine contratta di un invaso trapezoidale. Il problema prospettico non va in ogni caso disgiunto dal tema e dalle teorie sui "moti dell'anima" che Leonardo ha inteso per prima cosa raffigurare, né, tanto meno, considerato un problema fine a se stesso. Piuttosto, allora, lo spazio architettonico raffigurato serve all'artista a saggiare altre ipotesi, a verificare le sue teorie "d'ombra e lume" e a fornirne un esempio, in perfetta assonanza con i diagrammi e le annotazioni presenti nel Ms. C di Parigi.

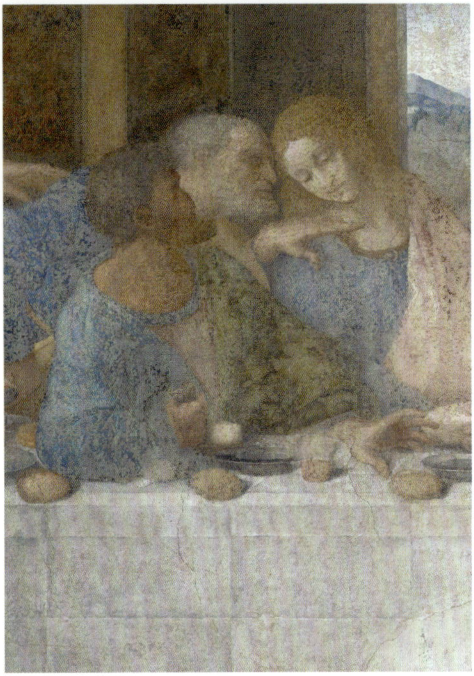

Leonardo da Vinci, *Cenacolo*. Da sinistra, le figure di Giuda, Pietro e Giovanni (particolari).

La stanza dipinta alle spalle degli apostoli è il banco di prova di una complicatissima situazione luministica: tre differenti fonti di luce provengono dal fondo, intrecciandosi come tre fasci di luce che, attraverso tre pertugi, vengano a illuminare una scatola ottica; da sinistra proviene poi una luce più forte che Leonardo ha voluto coincidesse, più o meno, con quella reale che penetrava dalle finestre sulla parete sinistra del refettorio; infine esiste una luce proveniente dal refettorio stesso, ortogonale, o quasi, al piano del dipinto. Ecco quindi che la parete della stanza dipinta, a sinistra, è quasi completamente in ombra; ma l'ombra, verso il punto di fuga, dovrebbe essere rischiarata dalla luce che penetra dalle finestre. Sulla parete di destra, quasi totalmente illuminata, ecco però la zona terminale lievemente in ombra (una fascia verticale d'ombra in corrispondenza dell'ultimo arazzo: e una sottigliezza andata purtroppo in gran parte perduta nell'originale, ma visibilissima in alcune copie e perfino nell'acquerello del Dutertre), con un effetto di ombra (quella prodotta dalla porzione della parete di fondo a fianco della prima finestra di destra) illuminata (dalla sorgente di luce che coincide con quella delle finestre reali). I bellissimi disegni del Ms. C di Parigi testimoniano come alla base di questa illuminazione differenziata stiano decine e decine di studi sulle ombre proprie, percosse e ripercosse, e un passo del foglio 14 v sembra la prefigurazione dell'"esperimento ottico" raffigurato nel *Cenacolo*: "Ombra ripercossa è quella che è circundata d'alluminata parete".

Così strette sono le rispondenze fra quanto Leonardo ha rappresentato nel *Cenacolo* e i suoi studi contemporanei, che non mi convince in pieno nemmeno la proposta di interpretare la *Cena* e i gesti del Cristo e degli apostoli come simbolici dell'istituzione dell'Eucaristia, soprattutto se questa tesi viene portata a univoca chiave di lettura del dipinto. Questo momento, anteriore alla rivelazione del tradimento, non richiedeva affatto un riscontro emotivo e drammatico quale quello che dichiarano invece i moti e le attitudini degli apostoli. Marco (14,

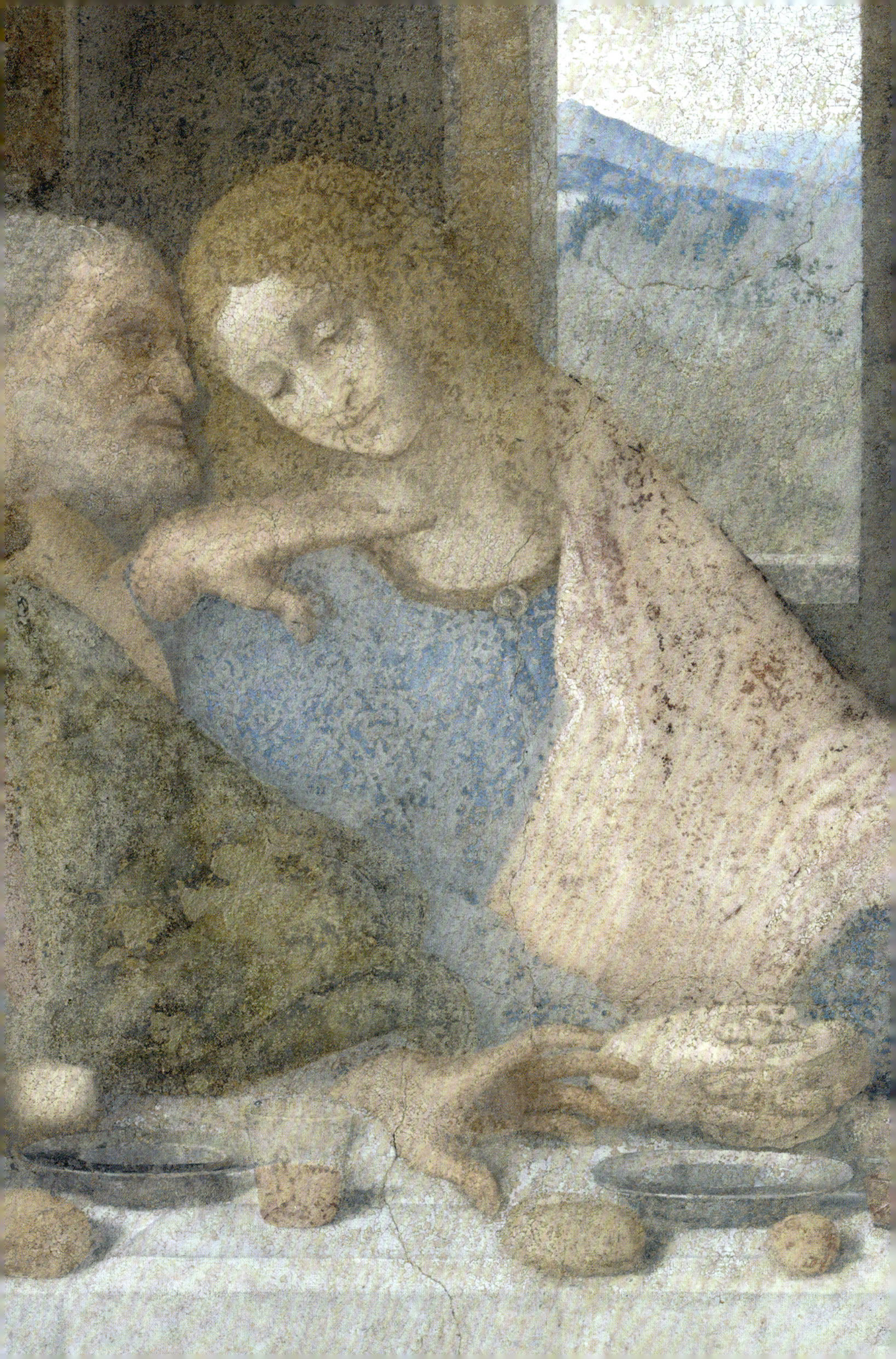

22-25) riferisce che "mentre mangiavano Gesù prese il pane e, pronunziata la benedizione, lo spezzò e lo diede loro, dicendo: 'Prendete, questo è il mio corpo'. Poi prese il calice e rese grazie, lo diede loro e ne bevvero tutti. E disse: 'Questo è il mio sangue...'".
Nel dipinto gli apostoli né mangiano, né bevono, né ricevono la benedizione, e neppure il Cristo compie i gesti indicati da Marco. Infine, nemmeno il gesto di Simone, all'estrema destra, è quello di ricevere il pane e il vino, come si vorrebbe vedere ora dopo il restauro[11]; non si tratta qui di un gesto "rituale" ma, molto più semplicemente, di chi stende le mani nell'atto di interrogare o di interrogarsi senza potersi dare una risposta ("l'altro colle mani aperte mostra le palme di quelle... e la bocca della meraviglia" che, pur essendo riferito al terzo apostolo da destra, Andrea, chiarisce i gesti in funzione dello stupore suscitato dalle parole di Cristo).
Anche lo Heydenreich, che pure accoglie la compresenza nel dipinto dell'allusione all'istituzione dell'Eucaristia, lo considera un significato aggiuntivo e solo dopo aver molto insistito sul fatto che l'episodio rappresentato da Leonardo sia quello immediatamente anteriore all'annuncio del tradimento[12], e riserve sull'ipotesi dello Steinberg aveva del resto già formulato anche Anna Maria Brizio[13].
Non si può, d'altro lato, limitarsi neppure a credere che la scena rappresenti un'immagine bloccata a guisa di un fotogramma in un momento univocamente interpretabile: il dipinto è ricco di significati e di allusioni simboliche e l'istituzione dell'Eucaristia è uno di questi. Il tema tradizionale dell'*Ultima Cena* era soggetto obbligato in quanto tema idoneo a essere raffigurato in un refettorio; ma Leonardo vi ha fatto confluire, oltre che i risultati di più di un decennio di studi e ricerche, altri richiami e riferimenti alla Passione di Cristo; l'offerta di se stesso in sacrificio, attraverso l'indicazione del pane e del vino, rimanda, ad esempio, anche alla *Crocifissione* dipinta sulla parete opposta del refettorio dal Montorfano, e la posizione stessa di Cristo (immaginiamo anche di vedere i suoi piedi prima che fosse aperta la porta sottostante) contiene una diretta allusione alla Crocifissione, con le braccia aperte e i piedi, noti da un disegno a Windsor, lievemente sovrapposti. Al tempo stesso, il pane e il vino, cibi materiali per i confratelli delle Grazie seduti a mensa, divengono per loro nutrimento spirituale dopo che il ciclo della Passione è venuto a compimento. Così non possono a priori escludersi significati simbolici nelle ghirlande di frutta e foglie che sovrastano la scena e che riempiono quegli schermi gettati in alto fra la composizione dipinta e lo spazio reale del refettorio – le lunette –, anche per celare in maniera molto accorta il raccordo con l'architettura a volte, originariamente dipinta in azzurro

Leonardo da Vinci, *Cenacolo*. Da sinistra, le figure di Tommaso, Giacomo Maggiore e Filippo (particolare).

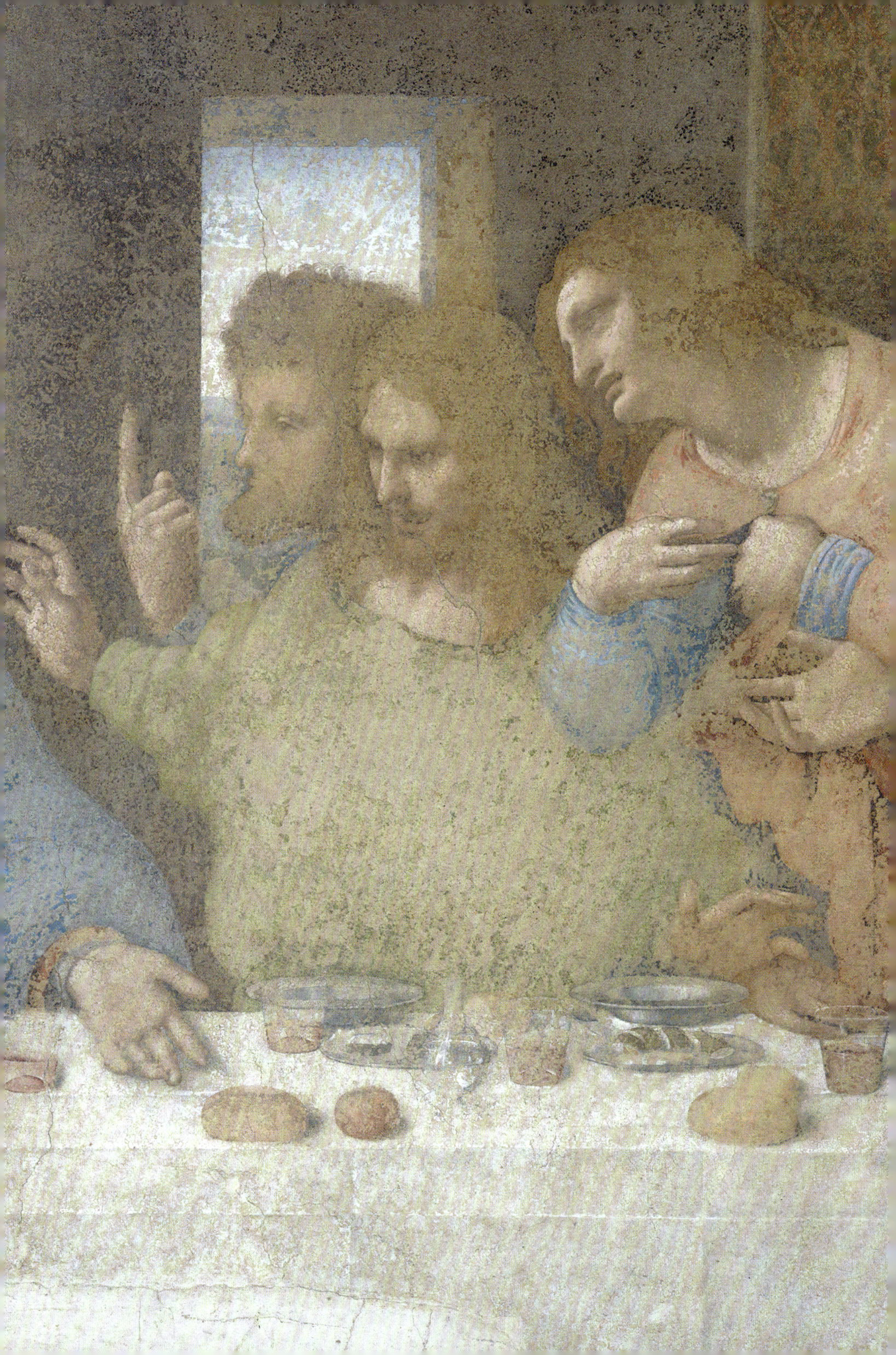

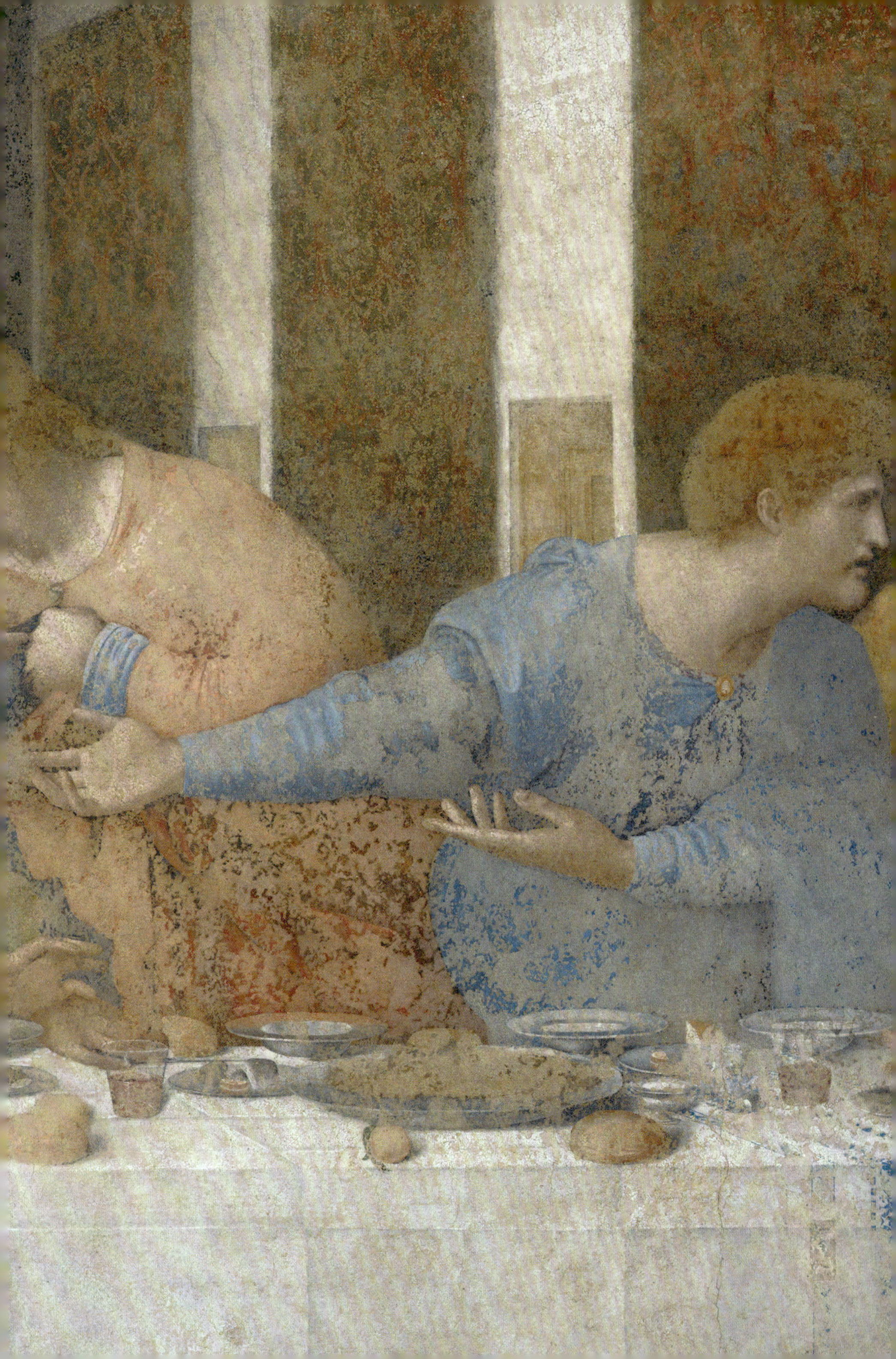

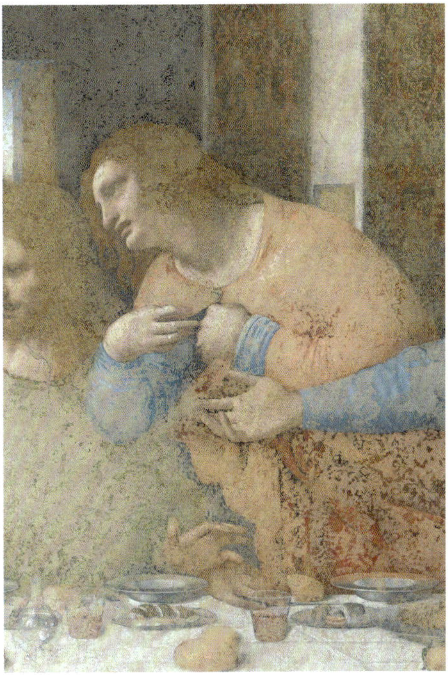

Leonardo da Vinci, *Cenacolo*. Le figure di Matteo (a sinistra) e Filippo (sopra, particolari).

a stelle d'oro, che certo doveva apparire in contrasto con quella illusoria dipinta a cassettonato.

Nella lunetta centrale, dove l'iscrizione allude a Ludovico e a Beatrice d'Este duchi di Milano[14], la ghirlanda racchiude uno stemma con campiture contrastanti, come a scacchiera. Sui campi scuri, realizzati in sottili lamine d'argento, sono dipinti in azzurro vivo, con gusto e sensibilità tipicamente leonardiana, i biscioni sforzeschi. Dorature dovevano completare questa e le altre lunette, nei nastri e negli stemmi, per accrescere la sensazione che si trattasse di insegne realmente appese alle pareti (sulla parete opposta gli elmi degli armigeri dipinti dal Montorfano sono a rilievo, a simulare armature metalliche). Anche le ghirlande, e quella centrale in particolare, presentano un senso mimetico vivissimo e certamente il loro impiego si ricollegava alla tradizione di adornare le facciate delle chiese e dei palazzi con vere ghirlande di foglie, come tuttora avviene per la Pasqua, ad esempio, sulla facciata di San Marco a Venezia. Nella stessa Milano era consuetudine adornare i palazzi con simili festoni: Barbara Fabjan ha richiamato l'attenzione sul fidanzamento di Gian Galeazzo con Isabella d'Aragona nel 1489: i muri del Castello vennero decorati con "festoni d'hedera e d'alloro facto all'antiqua" e lungo le strade si potevano ammirare "festoni di verdura, ornamento de zenevro, de lauro, et hedera" con le insegne ducali.

Il recente restauro ha pienamente posto in luce all'interno dello stemma a forma di scudo il primitivo tracciato del suo contorno, inizialmente previsto a guisa di bucranio, proprio come avviene in un disegno a Windsor, Royal Library, n. 12282 a-r, in uno studio per un emblema sforzesco contenuto nel Ms. H di Parigi e, finalmente, in un tondo collocato all'esterno dell'abside di Santa Maria delle Grazie, anch'esso raffigurante un "mottiuo ducale"[15].

Nella lunetta di sinistra l'epigrafe allude al primogenito Massimiliano Sforza, nelle sue dignità comitali di Angera e Pavia[16], mentre in quella di destra doveva essere celebrato come duca di Bari il secondogenito di Ludovico e Beatrice, Francesco II, nato nel 1495, il cui nome tuttavia non compare[17].

Leonardo da Vinci, *Cenacolo*.
Da sinistra, le figure di Giuda Taddeo e Simone Zelota (particolare).

Il restauro sembra indicare come in diversi punti foglie e frutti siano stati ridipinti, come si può anche desumere da una suggestiva serie di riprese ai raggi ultravioletti e infrarossi a suo tempo pubblicate (1986). L'invenzione è certamente di Leonardo, come dimostrano soprattutto il disegno dei bellissimi nastri svolazzanti, alcune foglie lanceolate della lunetta sinistra, i già citati biscioni in azzurro e l'impianto generale. La pennellata, tuttavia, appare troppo turgida e materica e il colore, in più punti, sordo nonostante l'eccezionale stato di conservazione delle foglie e di diversi gruppi di frutti. Esami di laboratorio effettuati sembrerebbero però indicare un'identità di tecnica esecutiva con il sottostante *Cenacolo*, con la differenza che l'artista, o gli artisti, hanno dipinto (sembra con tempera e leganti oleosi) direttamente su uno strato di intonaco, privo però dello strato di bianco di piombo su cui, nella *Cena*, sono stati stesi i colori. L'eccezionale stato di conservazione è stato determinato dal fatto che soltanto nel 1854 le pitture delle lunette vennero messe in luce, togliendo quattro strati di scialbo. Secondo la Ottino Della Chiesa le lunette avrebbero subito, forse nel Settecento, una "rovinosa lavatura"[18] e si potrebbe perciò pensare che sia i ritocchi che le conseguenti scialbature siano avvenuti in età recente. Tuttavia, le decorazioni sembrano assai più antiche; in questo caso si potrebbe supporre che la loro scialbatura sia avvenuta subito dopo la caduta del Moro; cioè dopo il 1499, come per una sorta di *damnatio memoriæ*, per toglierne i nomi sforzeschi e, forse, per sostituirvi quelli del re di Francia. Si potrebbe inoltre ipotizzare che, tornato Leonardo a Milano nel 1506, egli, o qualcuno dei suoi allievi, abbia rimesso mano alle decorazioni vegetali (e certi gruppi di foglie sono in sintonia stilistica con la vegetazione che compare nella seconda versione della *Vergine*

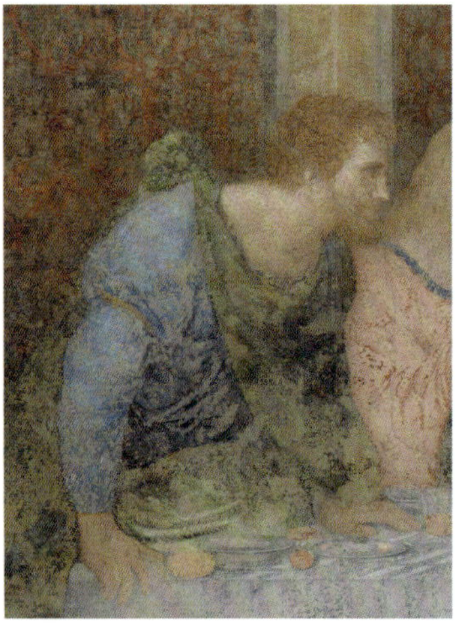

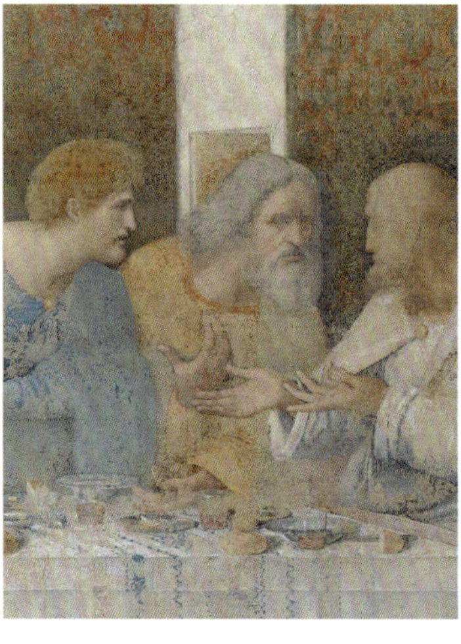

Leonardo da Vinci, *Cenacolo*.
Da sinistra, le figure di Bartolomeo e di Matteo, Giuda Taddeo e Simone Zelota, alle due estremità della composizione (particolari).

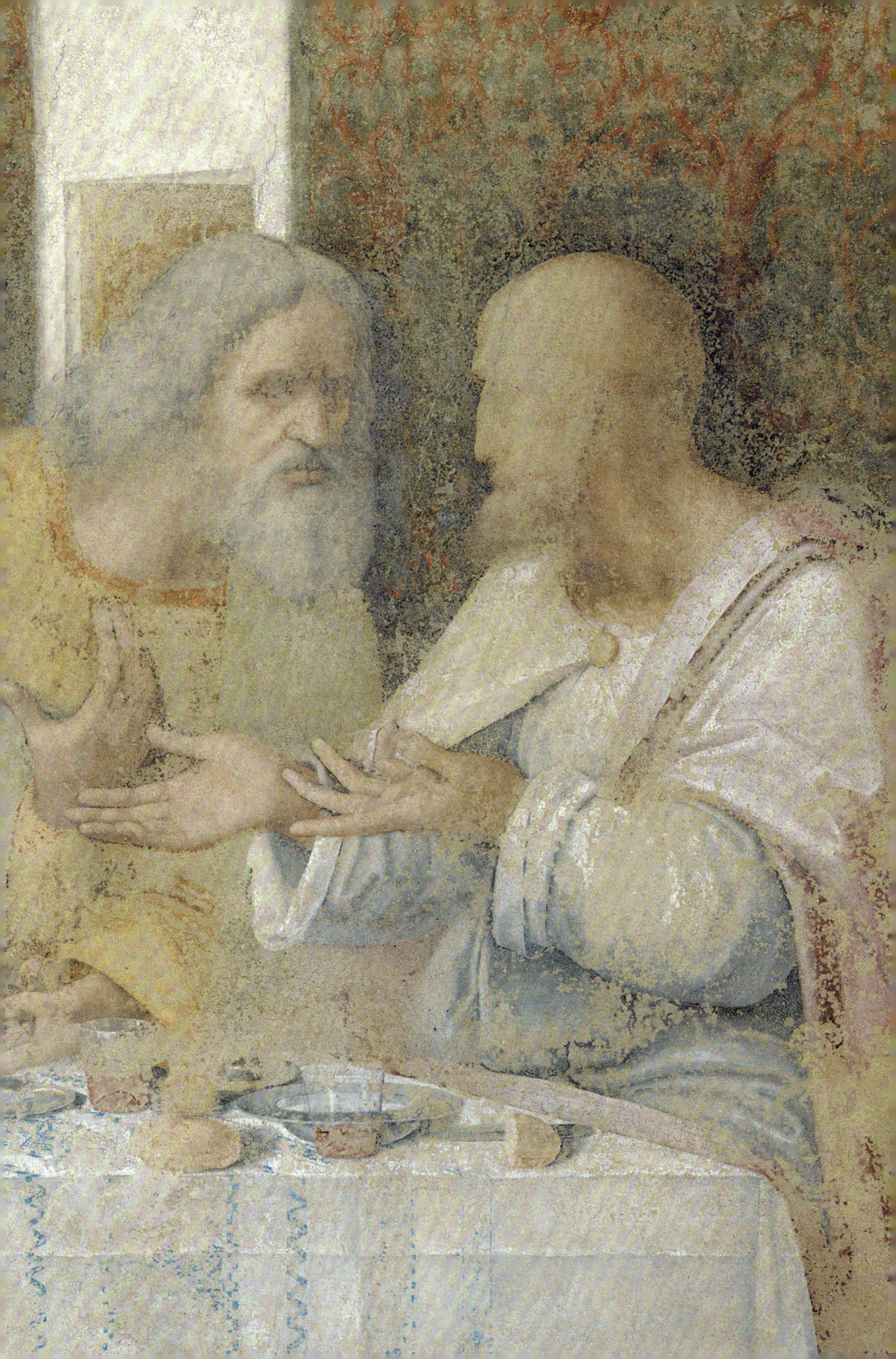

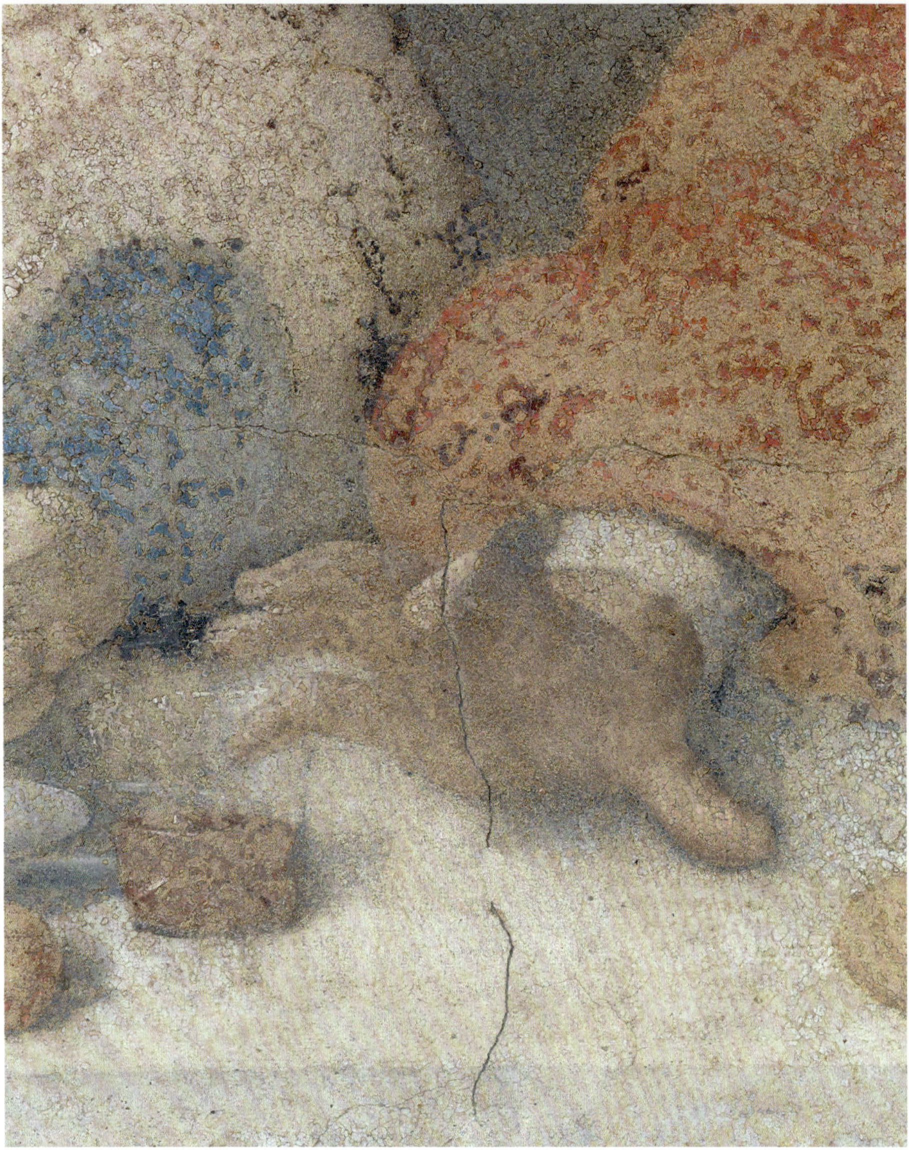

Leonardo da Vinci,
Cenacolo.
La mano destra
e la mano sinistra di
Cristo (particolari).

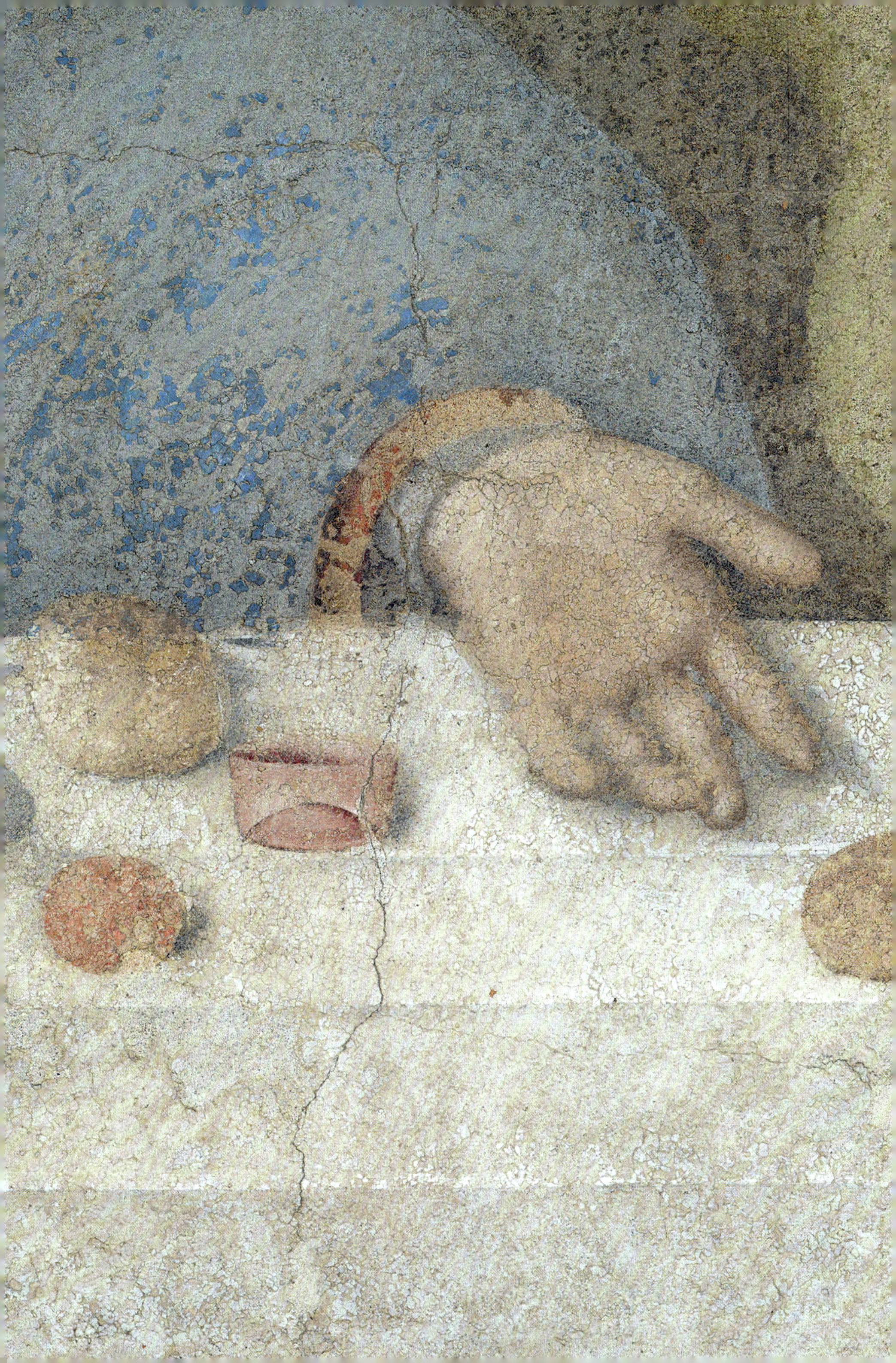

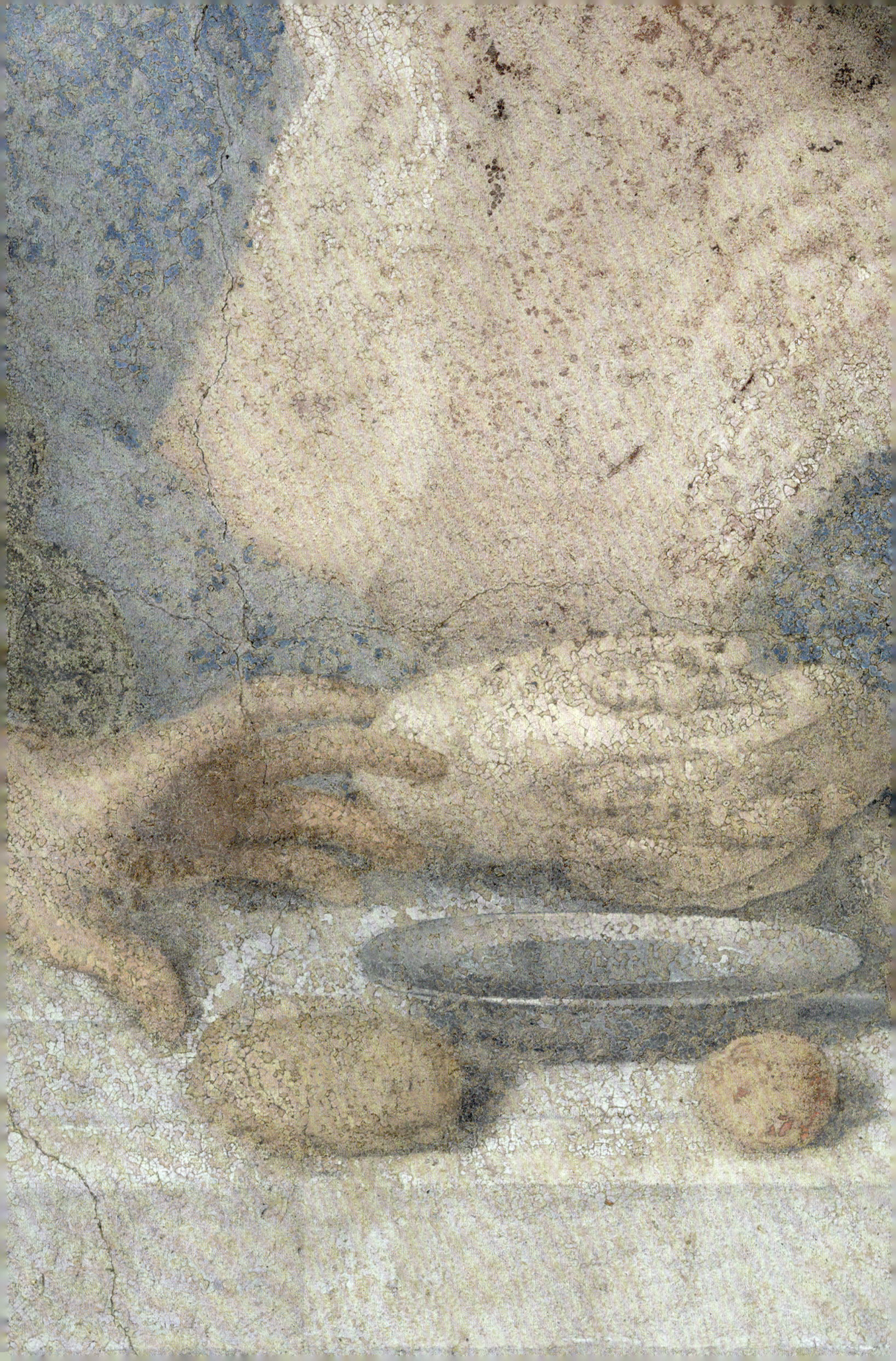

Leonardo da Vinci, *Cenacolo*.
A fianco e a destra, altri dettagli di mani: la sinistra di Giuda, Giacomo Minore e Andrea, la destra di Giuda con le monete (particolari).

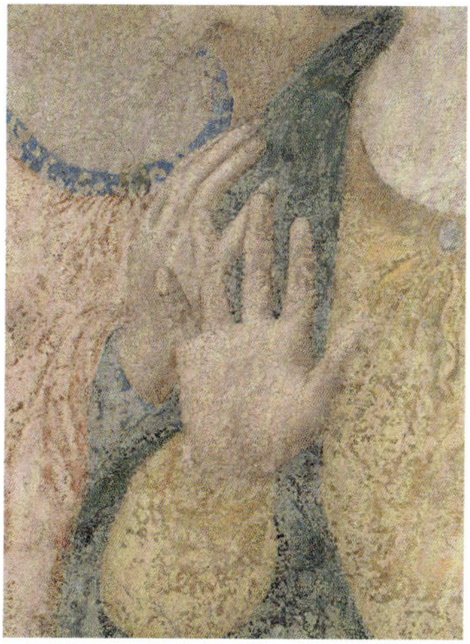

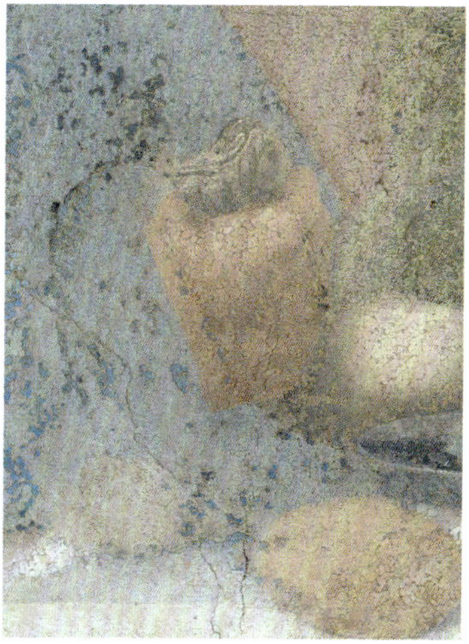

delle Rocce) ripristinandone le parti cadute o rovinate. Bisognerebbe poi supporre che le tre lunette fossero nuovamente ricoperte dallo scialbo, in quanto la prima menzione finora nota delle decorazioni esistenti risale soltanto a Giuseppe Mazza nel 1770[19].

Anche nella pittura settentrionale i motivi di festoni e ghirlande vantavano un'illustre tradizione: si pensi alle decorazioni del Mantegna nella Camera degli Sposi a Mantova, o ai dipinti di Carlo Crivelli, come la *Madonna della Candeletta* della Pinacoteca di Brera, così che non ci stupisce la scelta di Leonardo di questo motivo decorativo. Del resto l'interesse vinciano per il mondo vegetale è attestato da numerosi quanto sensibili disegni di botanica in cui è dato di percepire la sua straordinaria attenzione nella trasposizione del mondo vegetale. Anche le prime due lunette delle pareti lunghe del refettorio sembra siano state decorate da Leonardo. Sopravvive solo il disegno a pennello della prima sulla parete occidentale (la lunetta della parete orientale andò distrutta, con tutta la parete, nel bombardamento del 1943) che, dopo l'ultimo restauro, viene considerato autografo da Carlo Bertelli[20].

Si ha ragione di ritenere che Leonardo iniziasse a lavorare agli studi preparatori per il *Cenacolo* nella prima metà dell'ultimo decennio del Quattrocento. L'ampliamento e la decorazione del refettorio delle Grazie rientravano nel quadro di un più vasto programma celebrativo della dinastia sforzesca, e di Ludovico il Moro in particolare, di cui la nuova tribuna della chiesa, edificata su disegno di Bramante a partire dal 1492, costituiva l'episodio di maggior momento e risonanza. Al suo interno dovevano trovare posto le sepolture del Moro stesso e della moglie, opere di Cristoforo Solari ora conservate alla Certosa di Pavia. Il complesso monumentale si configurava dunque come una sorta di "mausoleo", cui si aggiungevano significati di ordine teologico e religioso, oltre che simbolico e celebrativo[21].

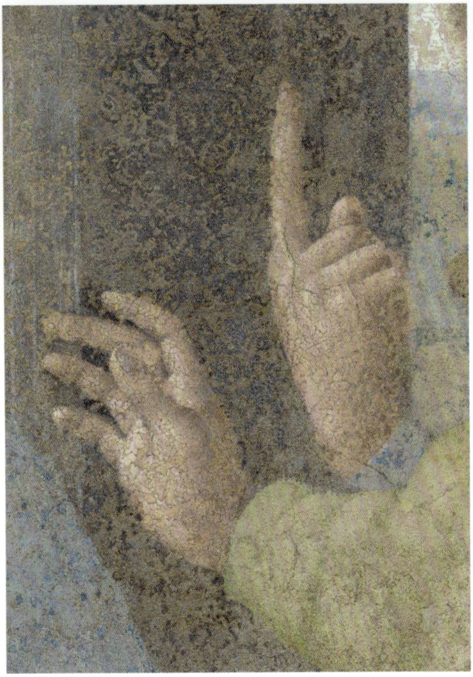

All'interno di questo programma generale, collegano l'intervento di Bramante e quello di Leonardo anche le assonanze fra gli ideali architettonici di cui si fa portatore Bramante e la nuova scala monumentale adottata da Leonardo per le figure della *Cena*, scala dimensionale che rimanda anch'essa a un ideale architettonico, se non bramantesco *tout court* (si confronti la già citata figura di Simone con quelle degli *Uomini d'arme* di Casa Panigarola, ora a Brera). Il motivo illusionistico dell'architettura dipinta da Leonardo nel *Cenacolo* si ricollega inoltre al finto coro bramantesco di San Satiro, benché l'intendimento scopertamente scenografico che contraddistingue quest'ultimo non costituisca, come detto, che un motivo in fin dei conti secondario nel dipinto vinciano. Nel 1495 Donato Montorfano aveva inoltre concluso sulla facciata opposta al *Cenacolo* la sua *Crocifissione*, benché questa sembri dovuta alla committenza dei frati domenicani di Santa Maria delle Grazie.

Leonardo da Vinci, *Cenacolo*.
Sopra e a fianco, le mani di Tommaso, Giacomo e Filippo (particolari).

L'interessamento personale di Ludovico il Moro per la *Cena* di Leonardo è invece fatto esplicito da una sua missiva a Marchesino Stanga in cui si invita a sollecitare l'artista "perché finischa l'opera del refettorio delle Gratie principiata, per attendere poi ad altra fazada d'esso refitorio". La lettera, datata 29 giugno 1497[22], oltre che fornire materia per un'ipotesi che vorrebbe veder assegnata a Leonardo anche la decorazione della parete dove appena due anni prima il Montorfano aveva concluso la sua opera, fornisce un appiglio cronologico sicuro per la fase conclusiva del lavoro di Leonardo, certamente terminato nel successivo 1498, come informa Luca Pacioli nel famoso passo già citato della sua *De divina proportione*[23]. Ma l'elaborazione dei necessari studi preparatori (mancano tutti i disegni intermedi fra i primi studi, quelli del foglio di Windsor di cui si è già lungamente trattato, e i disegni delle teste degli apostoli che rispecchiano invece una fase ormai conclusiva degli studi) e, più ancora, la tecnica esecutiva scelta da Leonardo (non un "buon fresco" che avrebbe richiesto una stesura

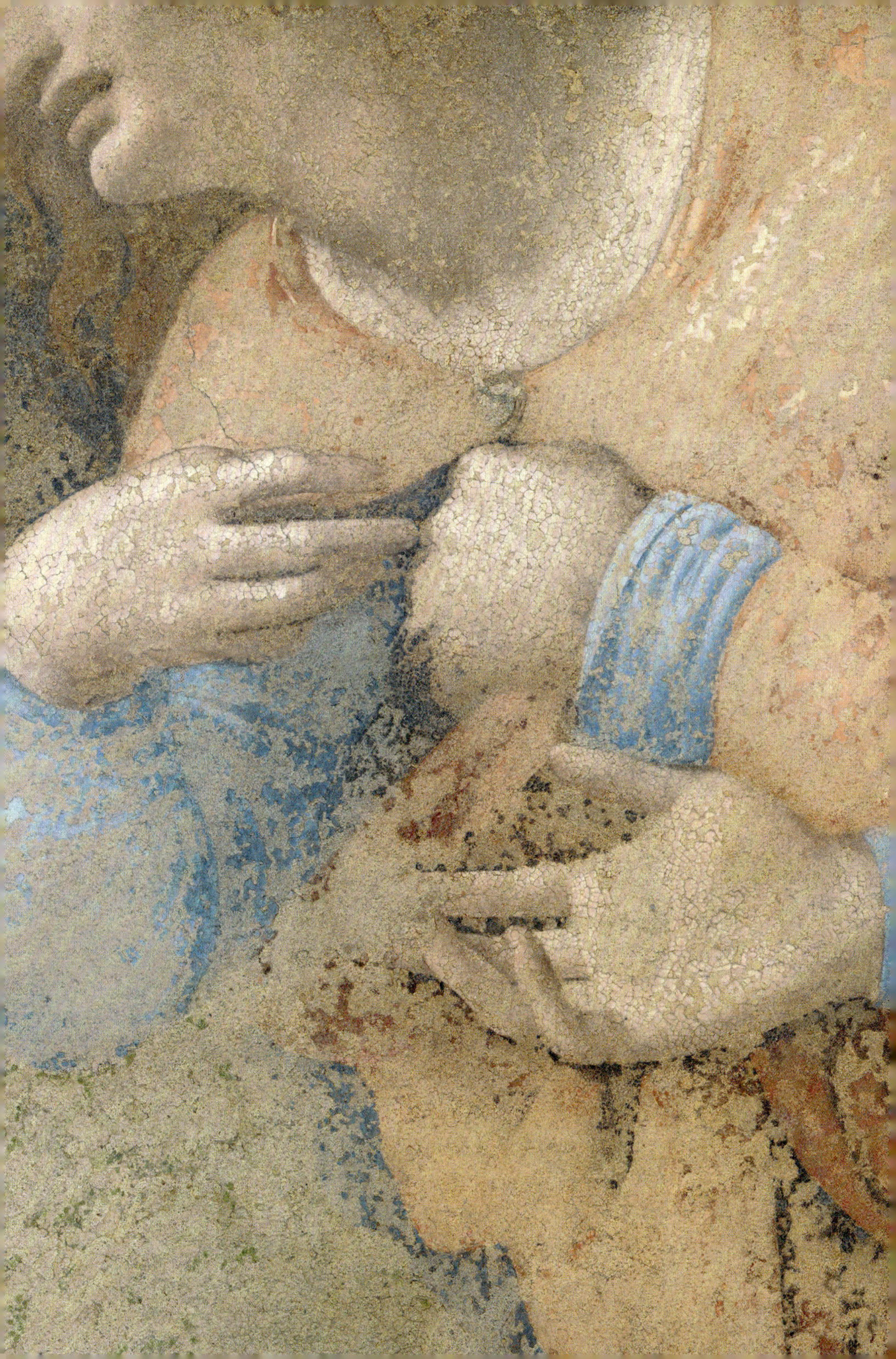

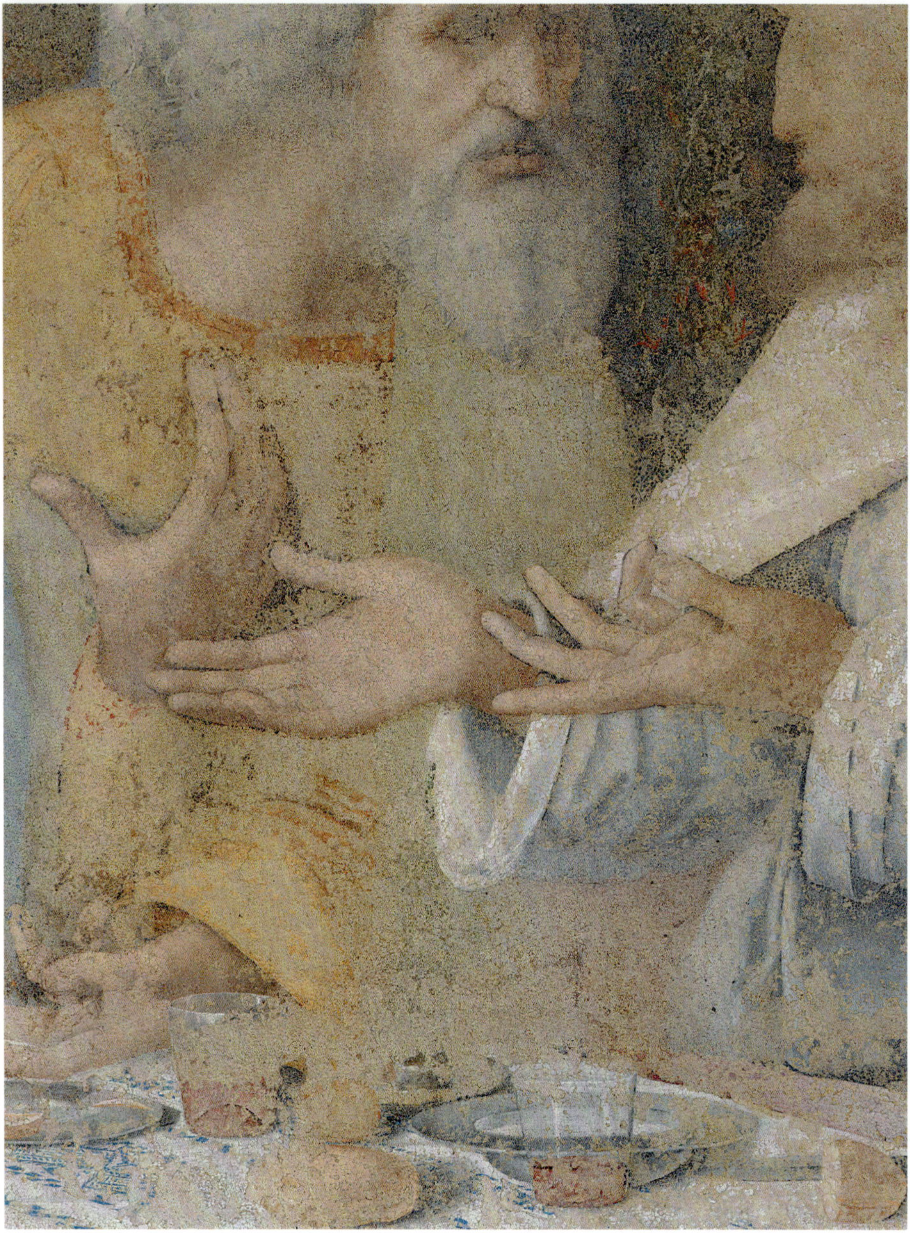

Leonardo da Vinci,
Cenacolo.
Sopra, le mani di Simone
Zelota; a fianco, la mano
destra col coltello di
Pietro (particolari).

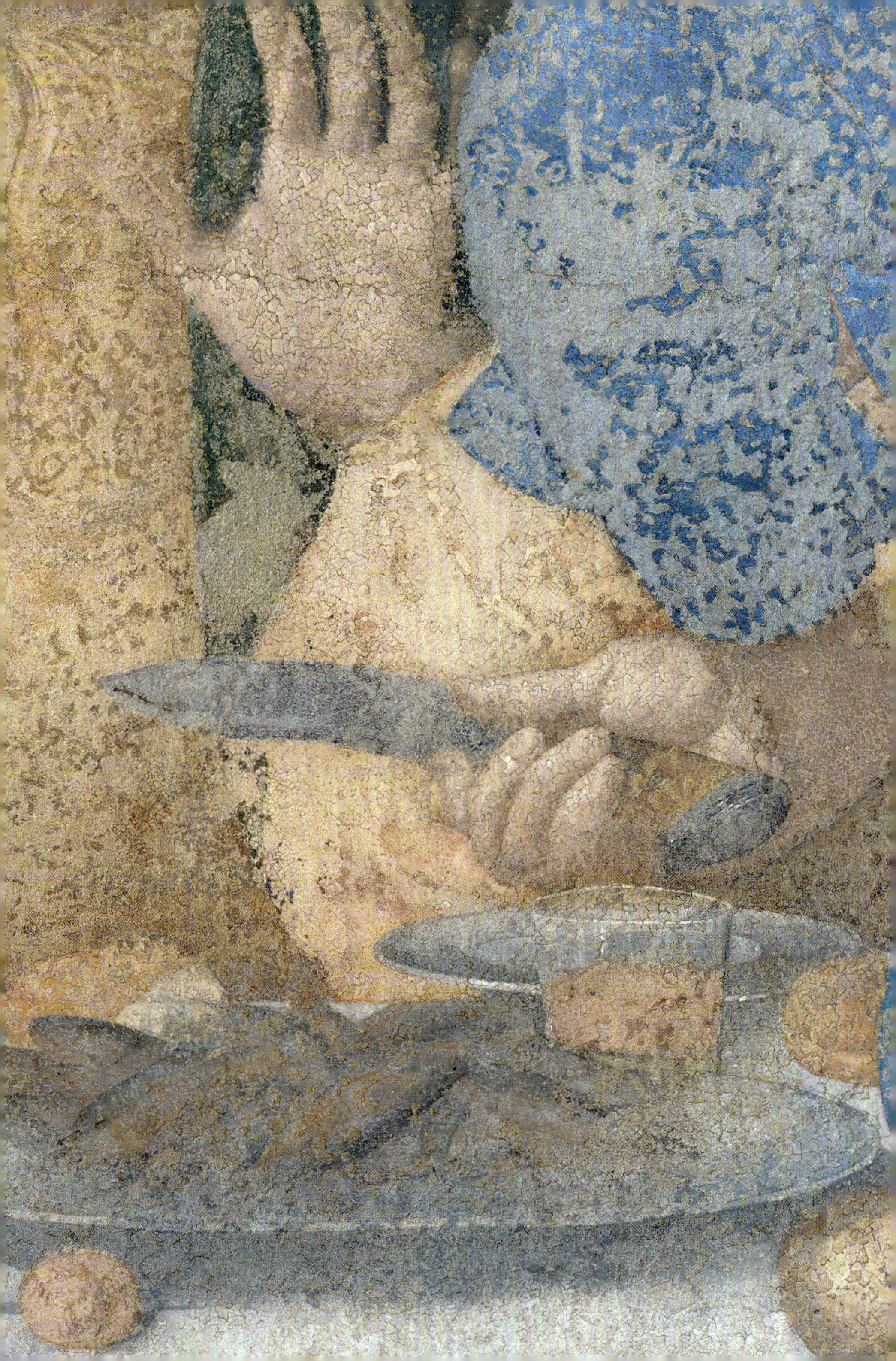

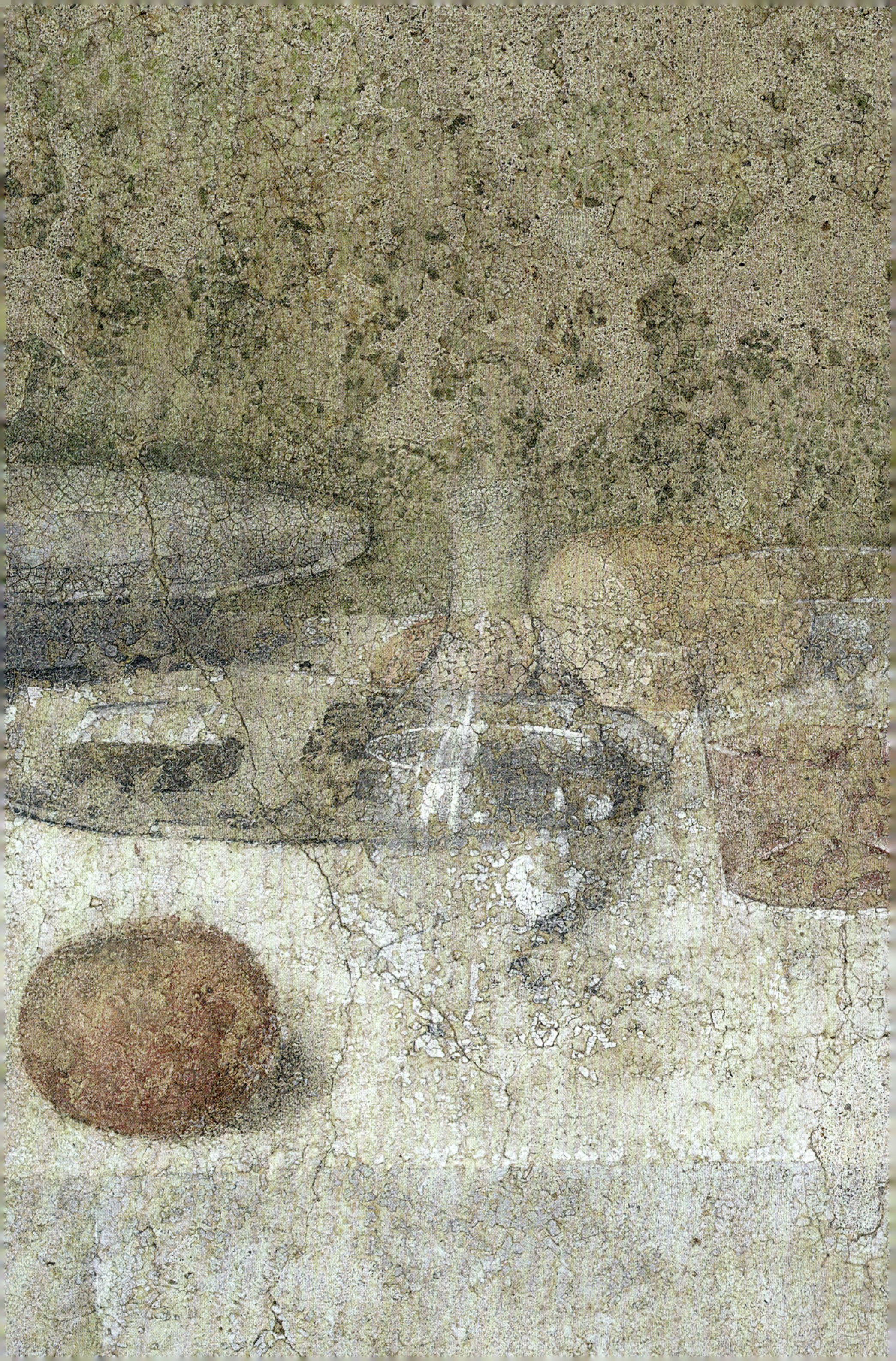

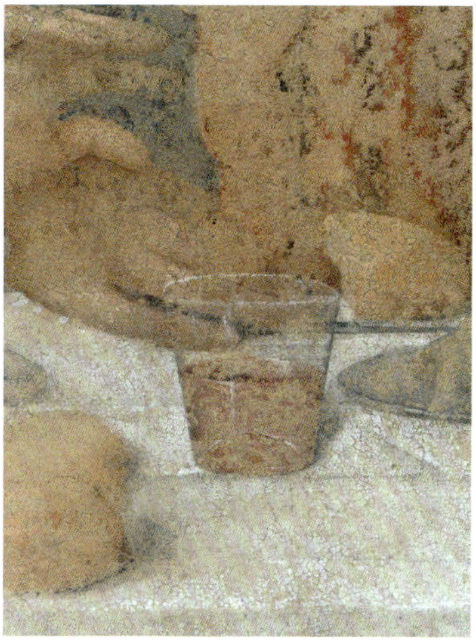
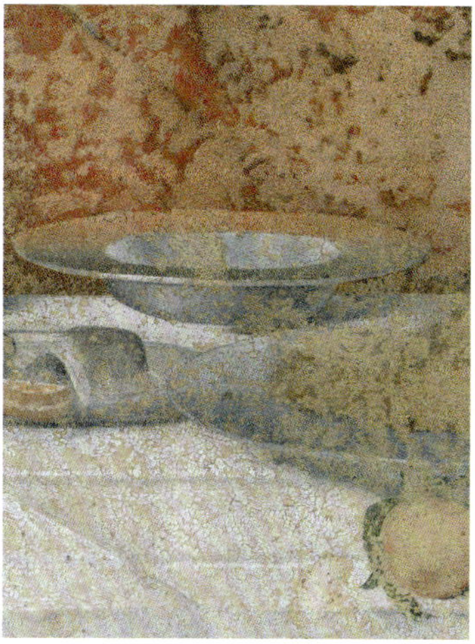

Leonardo da Vinci, *Cenacolo*. Dettagli della tavola apparecchiata: ampolla dell'acqua, bicchiere, piatto con riflessi (particolari).

rapida e immediata, ma una tecnica che gli permettesse di aggiungere ritocchi e sfumature a distanza di tempo, come ricorda Matteo Bandello nella sua famosa novella)[24], obbligano a estendere a ritroso nel tempo di almeno quattro o cinque anni l'inizio del periodo necessario agli studi preparatori e di giungere, per l'inizio dell'esecuzione, almeno verso il 1494, se non prima ancora[25]. Le annotazioni scientifiche e di teoria dalla pittura sopra citate, contenute in manoscritti databili fra il 1490 e il 1494, sembrano confermare questa cronologia. Inoltre, non si valuta solitamente con la dovuta attenzione, proprio per la cronologia del *Cenacolo*, la testimonianza del Bandello che, parlando di come Leonardo si recasse spesso alle Grazie per dipingere la *Cena*, fa riferimento al monumento equestre a Francesco Sforza: "L'ho anco veduto secondo che il capriccio e ghiribizzo lo toccava, partirsi da mezzo giorno, quando il sole è in Lione, da Corte Vecchia ove quel stupendo cavallo di terra componeva, e venirsene dritto a le Grazie ed asceso sul ponte pigliar il pennello ed una o due pennellate dar a una di quelle figure, e di subito partirsi e andar altrove".

Sarebbe molto interessante riuscire a stabilire a quale fase del progetto per il monumento allo Sforza il Bandello alluda, in quanto sappiamo che Leonardo aveva ripreso gli studi per il cavallo nel 1490 (essendosi probabilmente dedicato al progetto fin dal 1482-1483), mentre il Codice 8937 della Biblioteca Nacional di Madrid, scoperto nel 1965, testimonia degli studi finali per una seconda versione e della messa a punto di un modello di terra, e, infine, del relativo procedimento di fusione, nel 1493: "A dì 20 di dicembre 1493... conchiudo gittare il cavallo sanza coda e a diacere". Per poter "gettare" il cavallo è necessario pensare che il modello di terra fosse già ultimato da tempo,

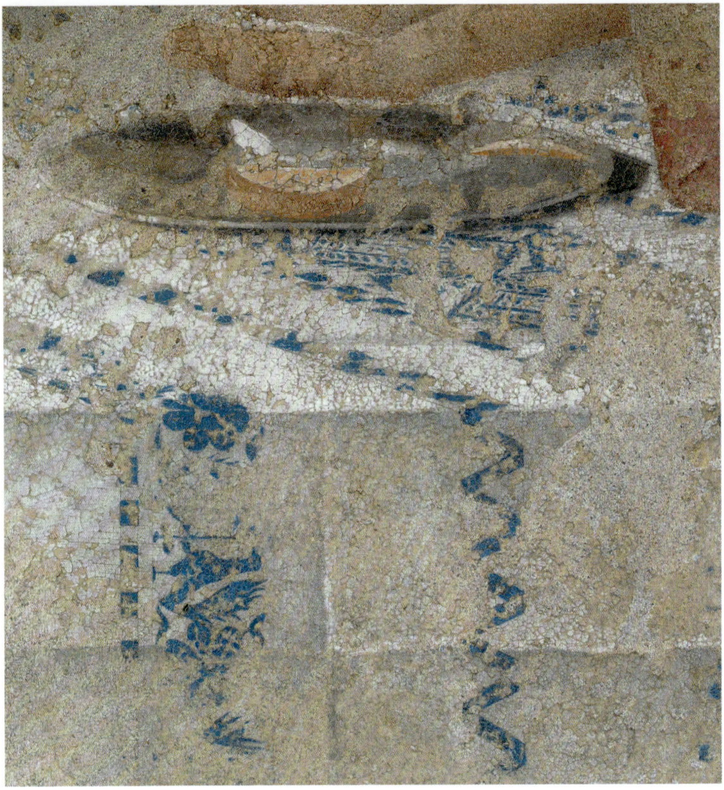

Leonardo da Vinci, *Cenacolo*. Dettagli della tavola apparecchiata: i ricami azzurri della tovaglia (particolare).

poiché, secondo il rivoluzionario metodo progettato da Leonardo, dal modello di terra doveva ricavarsi, a pezzi, il modello di cera[26]. Va sottolineato che, secondo le parole del Bandello, Leonardo lavorava contemporaneamente al modello di terra e al *Cenacolo*; dato che i lavori per il "gran cavallo" sembrano essersi interrotti dopo il 1494-1495 ("del cavallo non dirò niente perché cognosco i tempi")[27] e dato che le "una o due pennellate" di cui parla il Bandello non possono che riferirsi a uno stadio di elaborazione della *Cena* già in fase molto avanzata, c'è da supporre che il Bandello riferisca di un tempo più vicino al 1492-1493 che al 1494-1495 (l'accenno che il Bandello compie alla visita del cardinale di Gurk, avvenuta nel 1497, che precede la menzione del modello di terra del cavallo, non può valere infatti a datare il successivo resoconto sulle abitudini di Leonardo).
Solo dopo un ventennio dal suo compimento, il dipinto già iniziava a guastarsi: Antonio de Beatis, che visita la *Cena* nel 1517-1518, la trova "excellentissima, benché incomincia ad guastarse non so se per la humidità che il muro [trasuda] o per altra inadvertentia"[28] e, cinquant'anni dopo, la situazione deve essersi molto aggravata, tanto da far nascere

l'equivoco che all'origine del dissesto fosse un'esecuzione imperfetta, cosa che l'aretino Vasari non manca malignamente di affermare ("tanto male condotto che non si vede più se non una macchia abbagliata")[29]. Il Lomazzo cerca di rimediare e di giustificare il maestro ritenendo eseguito il dipinto a olio, su una "imprimitura" inadatta, mentre con l'Armenini (1587), che lo trova "mezzo guasto benché bellissimo", inizia ad apparire, in una sorta di prefigurazione di un motivo romantico, il gusto per il capolavoro in disfacimento. I giudizi successivi, da quello dello Scannelli (1642) fino ai resoconti del Lattuada (1738), del De Brosses (1738), del Bartoli (1776), di Domenico Pino (1796), si intrecciano con le critiche e le questioni metodologiche sollevate dai primi interventi di "restauro" che sono documentati (anche se sono state ritrovate tracce di più antichi interventi): quello di Michelangelo Bellotti del 1726 e quello di Giuseppe Mazza del 1770.

Il primo intervento fu alternativamente lodato e criticato (soprattutto dal Bianconi, 1787) in quanto il Bellotti eseguì numerosi rifacimenti a tempera o guazzo riverniciando tutta la parete a olio (così almeno celando la pittura originale sotto ai suoi interventi che, comunque, sembrano aver risparmiato le figure di Giuda, Pietro, Giovanni e Cristo); il secondo si propose di togliere le ridipinture del Bellotti, che asportò con raschietto, reintegrando le lacune pittoriche con impasto a olio, specie su Bartolomeo e, in misura minore, su Giacomo e Andrea[30]. Dopo un accurato rilievo eseguito da Andrea Appiani nel 1802, che individuò nell'umidità del muro la causa della caduta della pittura, riconoscendo l'impossibilità di un distacco, si ebbe, nel 1821, il tentativo di Stefano Barezzi, limitato alla zona della tovaglia sotto la figura di Bartolomeo e di Cristo, proprio per verificare se il distacco fosse possibile consolidando con colletta e integrando con stucchi colorati a base di cera. Nel 1853-1855 lo stesso Barezzi intervenne su tutta la superficie operando un consolidamento e una pulitura (fu il Barezzi, come già detto, a togliere lo scialbo che occultava le decorazioni delle lunette).

Pinin Brambilla Barcilon fornisce in una sua pubblicazione alcune straordinarie esemplificazioni fotografiche di questi antichi interventi: si vedono, del Bellotti, il rifacimento degli occhi di Taddeo e delle decorazioni della tovaglia; del Mazza il rifacimento degli occhi di Tommaso; del Barezzi le incisioni sulla tavola e l'appiattimento della superficie pittorica in corrispondenza delle zone dove aveva tentato di strappare la pittura, zone poi colmate con materia a base di cera[31].

Leonardo da Vinci, *Cenacolo*. Dettagli della tavola apparecchiata: il nodo della tovaglia (particolare).

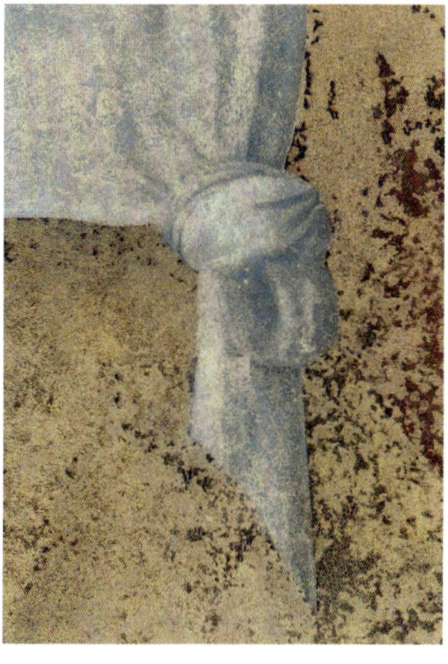

I restauri di questo secolo, finalmente condotti anche sulla base di esami fisici sulle condizioni ambientali e i componenti chimici della pittura, consentirono di consolidare, per quanto possibile, la pittura e di precisare, col Cavenaghi, nel 1908, che il *Cenacolo* era stato condotto a tempera su due strati di preparazione. Col Silvestri, nel 1924, si operava una nuova pulitura e un nuovo consolidamento (con stuccature dei margini della preparazione dipinta).

Dopo il bombardamento del 1943, e la conseguente ricostruzione della parete orientale del refettorio, sembrò che ogni precedente sforzo per la conservazione del dipinto si fosse reso vano; a causa della polvere e dell'umidità condensata, prodotta dalla ricostruzione della parete e dal rifacimento del pavimento, la pittura apparve alla Wittgens annerita e offuscata: "Anziché biancheggiante, essa appariva completamente nera... gonfia di umidità, la superficie del *Cenacolo* si presentava come un tessuto gommoso, e al più leggero tocco si rimuoveva non solo il colore, ma anche la sottostante imprimitura gessosa...".[32] Ettore Modigliani, allora soprintendente, diede perciò incarico a Mauro Pellicioli di procedere con un nuovo consolidamento della superficie pittorica che "doveva operarsi più radicalmente di quanto non fosse stato compiuto da quello precedente di Cavenaghi e Silvestri" e cui egli si applicò nel 1947 cercando di fissare le scaglie di colore all'intonaco stendendovi sopra a pennello gommalacca decerata diluita in alcool e iniettandovi dietro caseina. La gommalacca ridiede coesione, consistenza e vivacità al colore, così che si poté procedere alla successiva fase di recupero della pittura originaria di Leonardo, cosa cui il Pellicioli attese nel 1951-1952 e nel 1954. Già la Wittgens sottolineava che egli si era esercitato soprattutto dove "i colori settecenteschi celavano lo splendente tesoro dell'autografa pittura di Leonardo". I cauti ed equilibrati interventi di pulitura del Pelliccioli, pur con recuperi straordinari di parti originali, come il punto Assisi sulla tovaglia e l'azzurro dell'abito di Giuda decorato con lettere cufiche in oro, non si spinsero così a rimuovere tutti i rifacimenti antichi. Pinin Brambilla osserva che "si nota infatti una maggior cura nell'asportazione delle ridipinture sugli incarnati, omettendo di rimuovere i rifacimenti degli occhi, il contorno dei visi e delle mani, delineato a tratti scuri e non insistendo nel rimuovere le stratificazioni depositate sulle abrasioni o sulla profondità delle lacune per mantenere la possibilità di una buona lettura dell'immagine"[33]. Su intere zone non furono asportate le ridipinture, come sui cassettonati del soffitto, sulle pareti con gli arazzi e nella parte inferiore sotto la tavola.

Il restauro degli anni 1977-1999 si rese necessario per l'aggravarsi delle condizioni ambientali del refettorio e della parete durante gli anni Sessanta e Settanta che videro, fra l'altro, depositarsi sul dipinto uno

Leonardo da Vinci, *Cenacolo.* Dettagli dello sfondo: i fiori dell'arazzo (particolare).

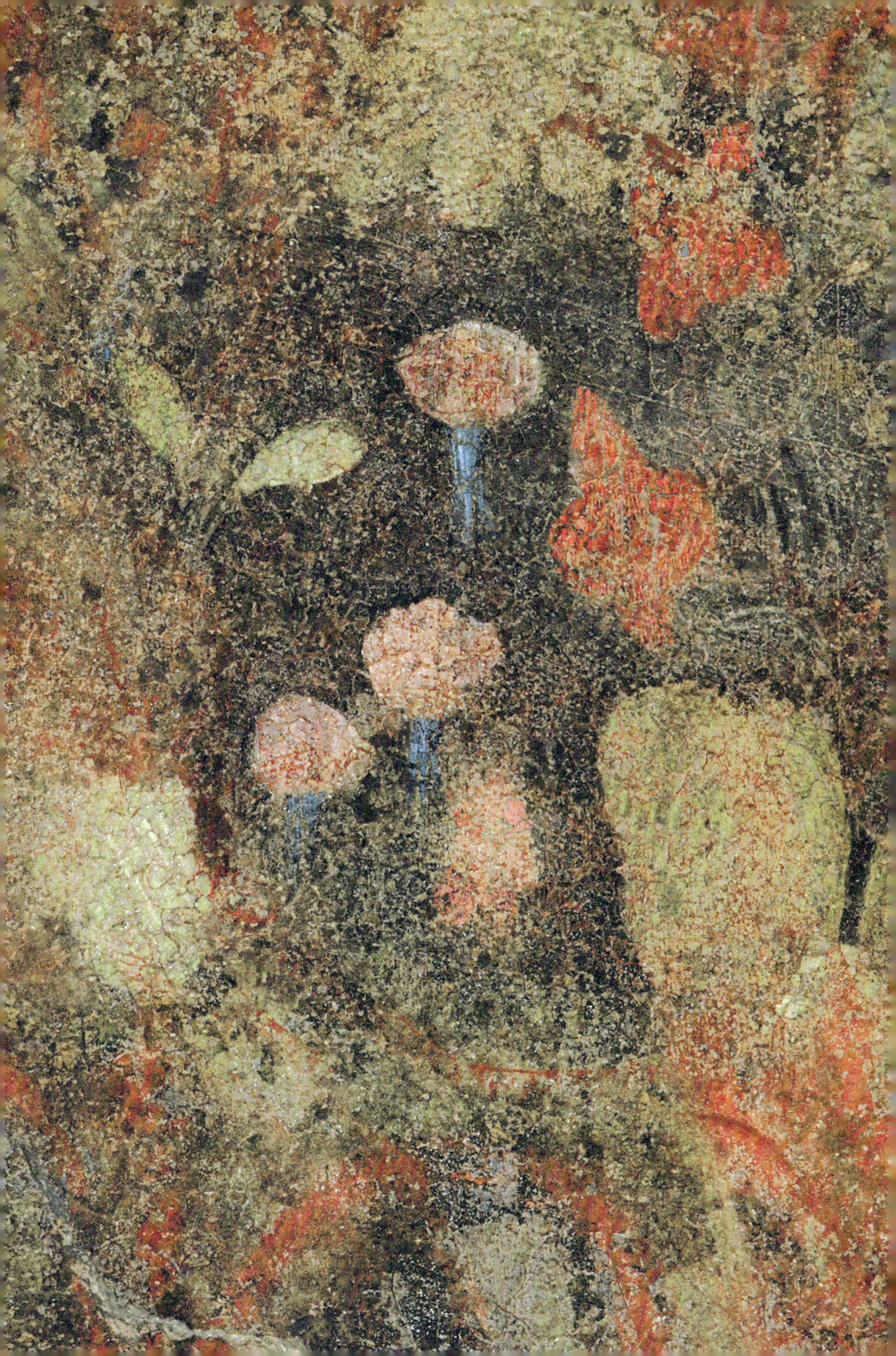

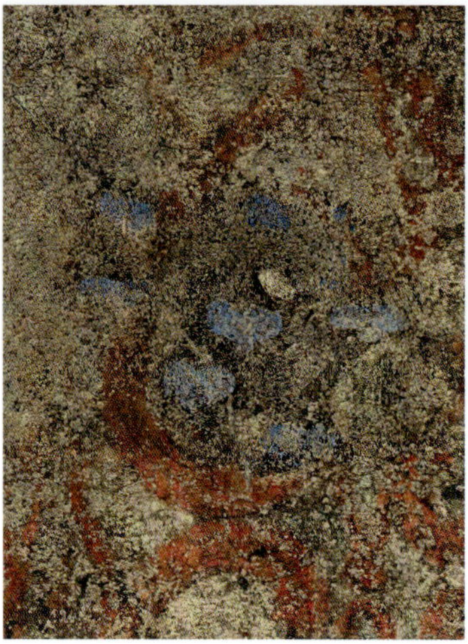
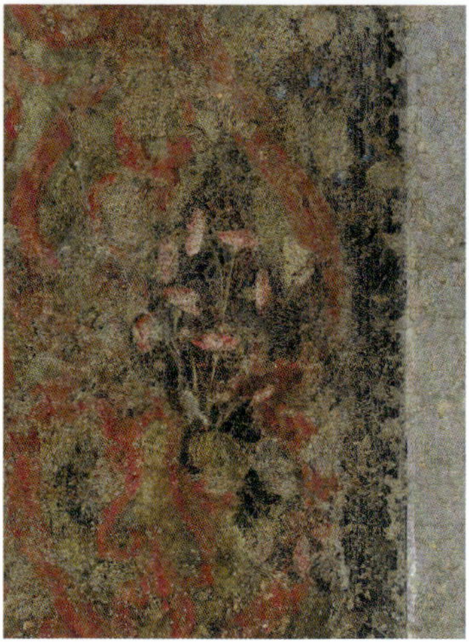

Leonardo da Vinci, *Cenacolo*. Dettagli dello sfondo: i fiori dell'arazzo (particolari).

spesso strato di polvere e smog. Gli esami preliminari a una nuova pulitura iniziarono nel 1976 sotto la direzione della Soprintendenza per i Beni Artistici e Storici di Milano allora diretta da Franco Russoli. A lui sono succeduti Stella Matalon, Carlo Bertelli, Rosalba Tardito e Pietro Petraroia (con la mia collaborazione dal 1992), che si sono giovati tutti dell'abilità di Pinin Brambilla Barcilon. Il progredire delle conoscenze scientifiche e tecniche ha consentito che venissero svolte, di concerto con l'Istituto Centrale del Restauro, quante più analisi e ricerche fossero possibili di carattere chimico, fisico, ambientale, statico e strutturale, climatico, oltre che una campagna di rilevamento fotografico capillare[34]. In parallelo fu messa a punto e applicata una metodologia di restauro che mirava alla restituzione di ciò che restava della pittura autografa di Leonardo, asportando le ridipinture, antiche e moderne, che l'hanno in buona parte occultata fino ai giorni nostri. Le ridipinture non sono però state rimosse ovunque: il cassettonato rimane un rifacimento settecentesco (benché si sia messa in luce una piccola porzione, a destra, di quello originale), così come gli arazzi, dove, tuttavia, a sinistra, sono stati ritrovati, sotto le pesanti ridipinture settecentesche, alcuni mazzetti di fiori che appartengono alla stesura originale; la testa di Giuda, infine, molto abrasa, è stata mantenuta nella sua ricostruzione settecentesca benché alleggerita di strati di colore recenti e resa più vicina al profilo originario. E non si è trattato, tuttavia, di un criterio di restauro puramente estetico: i rifacimenti pittorici, gli strati di sporcizia, le muffe, i materiali così diversi accumulatisi sopra la pittura per secoli hanno negativamente influito sulla complessa e già delicata situazione meccanica prodottasi, all'origine, dalla tecnica esecutiva scelta da Leonardo, determinando sollevamenti, cadute di scaglie di colore e di preparazione e

differenziate reazioni all'umidità e al calore. Il coraggioso perseguimento di questa metodologia di restauro ha permesso il recupero di brani pittorici che, pur frammentari, consentono per la prima volta in assoluto di avvicinarsi alla pittura "originale" di Leonardo" (benché in condizioni di conservazione naturalmente frammentarie e molto compromesse dai ben nove restauri precedenti) e, in particolare, al suo colore[35]. La figura di Simone, all'estrema destra, risulta anche risarcita nel suo volume e nella sua monumentalità, bramantesca prima che michelangiolesca, oltre che nei toni cangianti del lilla e del bianco; Matteo, nel suo nobile profilo e nell'afflato di commozione che lo pervade, oltre che nell'azzurro intenso e squillante della sua tunica; Filippo nell'espressione dolorosa ma non patetica; Giacomo Maggiore nella profonda plasticità della veduta di tre quarti del volto e nel soffio di stupore bloccato che sembra uscire dalla sua bocca, con un'espressione assai meno "caricata" di quanto invece appare nel corrispondente disegno di Windsor.
Dopo esserci soffermati su questi brani di pittura – che, altissima nelle pur poche scaglie superstiti, è però dotata d'una sorprendente carica luminosa che sembra rigenerare anche le zone circostanti dove appare soltanto la preparazione – e ritornati a osservare le parti di sinistra dove, analogamente, sono state risarcite le teste di Bartolomeo, di Andrea, di Pietro e di Giovanni (quasi tutte erano state ampliate e distorte dalle precedenti ridipinture), risulta evidente il minuziosissimo lavoro compiuto che ha liberato la pittura rimasta imbrigliata, quasi affogata, sotto le ridipinture successive. Le pur belle teste di Bartolomeo e di Giacomo Minore, quasi profili di teste all'antica, hanno rivelato il loro disegno originario e parte della loro antica bellezza, a fare da contrappunto a quella di Matteo.

[1] Cfr. K. Clark, *The Drawings of Leonardo da Vinci in the Collection of Her Majesty the Queen at Windsor Castle*, second edition revised with the assistance of C. Pedretti, London 1968-1969, vol. I, pp. 99-100.

[2] Cfr. J. Wasserman, *Reflections on the Last Supper of Leonardo da Vinci*, in "Arte Lombarda", 66, n. 3, 1983, pp. 19-20, figg. 6-8.

[3] Fra gli altri studi preparatori vanno ricordati i fogli di Windsor, Royal Collection, nn. 12551 e 12552 (le teste di Filippo e Giacomo Maggiore), 12546 (il braccio destro di Pietro), 12543 (le mani di Giovanni) e 12635r (i piedi di Cristo); sono stati sollevati dubbi sull'autografia dei fogli nn. 12547 (la testa di Giuda, che sembra però da considerarsi autentica), 12548 (la testa di Bartolomeo o meglio, secondo il Berenson, quella di Matteo; il disegno è quasi universalmente accolto come un originale; i dubbi sull'autografia sono stati avanzati da Carlo Pedretti), 12549 e 12550 (che sono infatti copie da un disegno di Leonardo per la testa di Simone), 12544 e 12545 (copie da disegni per le mani di Matteo e di Tommaso). Per tutti questi fogli cfr. K.

Clark, *op.cit.*, pp. 100-102 e 133, e per altri studi a questi connessi si veda il bel catalogo di C. Pedretti, *Leonardo. Studi per il Cenacolo*, Milano 1983, *passim*. Fra i disegni preparatori per l'*Ultima Cena* non considero il foglio dell'Accademia di Venezia su cui grava il dubbio che possa trattarsi di un falso (cfr. A.M. Brizio, *Lo studio degli Apostoli nella Cena dell'Accademia di Venezia*, in "Raccolta Vinciana", XVIII, 1959, pp. 45 sgg., e XX, 1964, p. 414), anche se opinioni successive sembrano riabilitarlo (cfr. C. Pedretti, *Leonardo da Vinci inedito. Tre saggi*, Firenze 1968, pp. 59-60; Luisa Cogliati Arano aveva accolto nel suo catalogo di disegni di Venezia del 1966 il giudizio di falso, ma sembra ora incerta: cfr. L. Cogliati Arano, *I disegni di Leonardo e della sua cerchia alle Gallerie dell'Accademia*, Milano 1980, pp. 56-57). Il disegno è probabilmente stato iniziato da Leonardo, che vi ha apposto di suo pugno i nomi degli apostoli, ma è stato in gran parte rifatto e ripassato da un artista milanese assai meno abile del maestro. A questo proposito richiamo l'attenzione sul celebre disegno della *Testa di Cristo* della Pinacoteca di Brera, per cui è stata recentemente riproposta l'ipotesi che si tratti, anche in questo caso, di un disegno originario di Leonardo poi alterato da una o più mani (cfr. P.C. Marani, in *Disegni lombardi del Cinque e Seicento della Pinacoteca di Brera e dell'Arcivescovado*, Firenze 1986, pp. 27-31).

[4] Cfr. P.C. Marani, *Leonardo dalla scienza all'arte. Un cambiamento di stile, gli antefatti, una cronologia*, in *Fra Rinascimento, manierismo e realtà. Scritti di storia dell'arte in memoria di Anna Maria Brizio*, Firenze 1984, p. 44.

[5] Riportati da A.M. Brizio, *Scritti scelti di Leonardo da Vinci*, Torino 1952 (ediz. 1966, pp. 252-254).

[6] Cfr. J.P. Richter, *The Literary Works of Leonardo da Vinci*, Oxford 1883 (ediz. 1970, paragrafi 665 e 666).

[7] La teoria che il punto di stazione scelto da Leonardo per la costruzione prospettica della *Cena* coincida con quello reale dello spettatore è stata abbandonata dopo la scoperta che, in realtà, il punto di vista prospettico è situato a quattro metri circa di altezza dal piano originario del pavimento della stanza. Per altri studi sulla prospettiva del *Cenacolo* si veda la nota biografica aggiunta alla ristampa del saggio di A.M. Brizio, *Leonardo da Vinci. Il Cenacolo*, Firenze 1983.

[8] M. Kemp, *Leonardo da Vinci. The Marvellous Works of Nature and Man*,

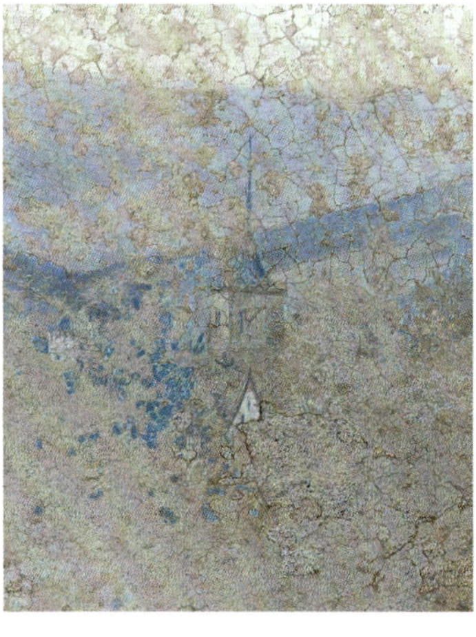

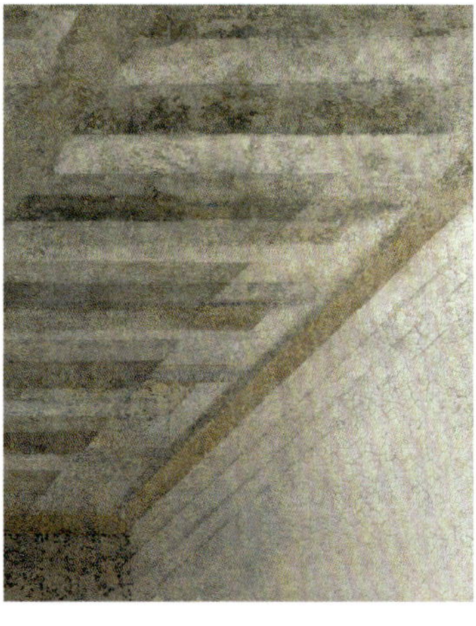

Leonardo da Vinci, *Cenacolo*. Dettagli dello sfondo: il campanile nel paesaggio alle spalle di Cristo (particolare).

Dettagli dello sfondo: il soffitto e la parete (particolare).

London 1981, pp. 261-329 (ediz. it. Milano 1982).
[9] Vi accenna Carlo Bertelli nei primi resoconti sul restauro allora in corso, cfr. nota 35.
[10] Sul recupero da parte di Leonardo dell'ottica medioevale si veda il fondamentale saggio di A.M. Brizio, *Razzi incidenti e razzi refressi*, Firenze 1963 (III Lettura vinciana).
[11] C. Bertelli, in L.H. Heydenreich, *Invito a Leonardo. L'Ultima Cena*, Milano 1982, p. 8. La tesi secondo cui Leonardo avrebbe raffigurato l'istituzione dell'Eucaristia risale al Von Einem ed è stata successivamente riproposta da L. Steinberg. Contraria, fra gli altri, anche A. Ottino Della Chiesa (*L'opera completa di Leonardo pittore*, Milano 1967, p. 8) che richiama giustamente l'attenzione sul passo del Pacioli nella sua *De Divina proportione*: "Non è possibile con maggiore attenzione vivi gli Apostoli imaginare al suono della voce de l'ineffabile verità e quando disse: 'Unus vestrum me traditurus est'. Dove con acti e gesti l'uno e l'altro e l'altro l'uno con viva e afflicta admiratione par che parlino sì degnamente con sua ligiadra mano el nostro Lionardo lo dispose" (1498). A questa vanno aggiunte le incisioni attribuite a Zoan Andrea o al Maestro del Libro d'Ore sforzesco, le più antiche, dove in un cartellino compaiono le parole con le quali Cristo annuncia il tradimento (un'incisione è riprodotta, ad esempio, da L.H. Heydenreich, *op. cit.*, p. 103; altre in C. Alberici, M. Chirico De Biasi, *Leonardo e l'incisione*, Milano 1984, pp. 59-61).
[12] L.H. Heydenreich, *op. cit.*, pp. 41-48.
[13] A.M. Brizio, *Il Cenacolo*, in *Leonardo. La pittura*, Firenze 1977, pp. 106-107.
[14] L'iscrizione "LV [dovicus] MA [ria] BE [atrix] EST [ensis] SF [ortia] AN [glus] DVX [Mediolani]" campeggia ora in bianco, ai lati dello stemma e della ghirlanda, sul fondo rosso della preparazione.
[15] Cfr. C. Pedretti, *op. cit.*, pp. 86-91.
[16] "MA [ria] M [a] X [imilianus] SF [ortia] AN [glus] CO [mes] P [a] P [iæ]."
[17] "SF [ortia] AN [glus] DVX BARI." Francesco II ebbe il titolo di duca di Bari nel 1497. Questa data viene generalmente assunta come termine *ante quem* per la datazione delle lunette, che vengono perciò tradizionalmente ritenute eseguite fra il 1495 (nascita del secondogenito) e il 1497 (conferimento del titolo di duca di Bari). Questa datazione avanzata per le lunette non contrasta però con quanto viene esposto più avanti circa una possibilità di un'anticipazione della datazione degli inizi del *Cenacolo*.
[18] A. Ottino Della Chiesa, *op. cit.*, p. 99.
[19] Cfr. B. Fabjan, *Il Cenacolo nuovamente restaurato*, in *Leonardo. La pittura*, Firenze 1985, p. 93, nota 1.
[20] C. Bertelli, *op. cit.*, pp. 12 e 145 (tavola).
[21] Si veda il saggio di S. Lang, *Leonardo's Architectural Designs and the Sforza Mausoleum*, in "Journal of the Warburg and Courtauld Institutes", vol. XXXI, 1968, pp. 218-233. Si veda inoltre M. Rossi, *Novità per Santa Maria della Grazie di Milano*, in "Arte Lombarda", 66, 1983, pp. 35-70, e, per altre connessioni, P.C. Marani, *Leonardo e le colonne "ad tronchonos". Tracce di un programma iconologico per Ludovico il Moro*, in "Raccolta Vinciana", XXI, 1982, pp. 103-120.
[22] La lettera è riportata interamente da quasi tutta la letteratura esistente sul *Cenacolo*; si veda in L. Beltrami, *Documenti e memorie riguardanti la vita e le opere di Leonardo da Vinci*, Milano 1919, pp. 48-49.
[23] Cfr. nota 11.
[24] M. Bandello, *Le novelle*, Bari 1910, vol. II, p. 283.
[25] Il passo vinciano del Ms. H di Parigi, foglio 64, datato 29 gennaio 1494, portato recentemente anche da L.H. Heydenreich, *op. cit.*, p. 32, n. 3, a sostegno di una proposta di datazione della com-

missione del *Cenacolo* nel 1494, non è tuttavia probante. "Il pian delle mura", "la sala" e "la ghirlanda" di cui parla Leonardo sono infatti da riferirsi non al *Cenacolo* ma al Castello di Milano, come hanno rettificato C. Pedretti, *op. cit.*, p. 70, e, indipendentemente, P.C. Marani, *L'architettura fortificata negli studi di Leonardo da Vinci, con il catalogo completo dei disegni*, Firenze 1984, pp. 139-140.
[26] Sul "cavallo Sforza" cfr. M.V. Brugnoli, *Il monumento Sforza*, in *Leonardo*, a cura di L. Reti, Milano 1974, pp. 86-109.
[27] L'accenno si trova in un abbozzo di lettera al Moro in cui si fa anche riferimento alla commissione "del dipingere i camerini" nel Castello e che la Brizio colloca prima di un testo del Ms. H di Parigi, datato 1494. Cfr. A.M. Brizio, *op. cit.*, 1952 (ediz. 1966, pp. 639-640).
[28] L. Pastor, *Die Reise des Cardinals Luigi D'Aragona*, Freiburg 1905.
[29] G. Vasari, *Le vite de' più eccellenti pittori, scultori e architetti*, Firenze 1568.
[30] Per queste e le successive notizie cfr. B. Fabjan, *op. cit.*, p. 93 sgg., nota 1.
[31] P. Brambilla Barcilon, *Il Cenacolo di Leonardo in Santa Maria delle Grazie. Storia, condizioni, problemi,* Milano 1985, figg. 1, 15, 16, 17, 18 e 19.
[32] F. Wittgens, *Restauro del Cenacolo*, in *Leonardo. Saggi e ricerche*, a cura del Comitato nazionale per le onoranze a Leonardo da Vinci nel quinto centenario della nascita, Roma 1954, pp. 3-4.
[33] P. Brambilla Barcilon, *op. cit.*, p. 66.
[34] Si vedano ad esempio la relazione dell'Istituto Centrale del Restauro di Roma in data 20 settembre 1977; la relazione di H. Travers Newton del 10 settembre 1977; i rilievi termoigrometrici del Centro "Gino Bozza" di Milano del settembre 1979; gli accertamenti dello stato di inquinamento dell'aria nella sala del *Cenacolo* eseguiti dalla Stazione sperimentale per i combustibili di Milano del 18 ottobre 1979 ecc., tutti in Soprintendenza per i Beni Artistici e Storici di Milano, Archivio corrente, 13/31. Si vedano inoltre M. Matteini e A. Moles, *A Preliminary Investigation of the Unusual Technique of Leonardo's Mural "The Last Supper"*, in "Studies in Conservation", 24, 1979, pp. 125-133, e le analisi pubblicate in "Arte Lombarda", 62, 1982. Cfr. anche H. Travers Newton, *Leonardo da Vinci as Mural Painter: Some Observations on His Materials and Working Methods*, in "Arte Lombarda", 66, 1983, pp. 71-88.
[35] Si vedano i resoconti delle prime sensazionali scoperte: C. Bertelli, B. Fabjan, *Il Cenacolo di Leonardo*, in "Brera – Notizie della Pinacoteca", autunno-inverno 1981-1982, pp. 1-4; C. Bertelli, *op. cit.*, pp. 127-156; C. Bertelli, *Il Cenacolo vinciano*, in AA.VV., *Santa Maria delle Grazie*, Milano 1983, pp. 188-195; D.A. Brown, *Leonardo's Last Supper: The Restoration*, Washington, D.C., 1983; B. Fabjan, *op. cit.*, pp. 90-94. Si veda anche C. Bertelli, *Verso il vero Leonardo*, in *Leonardo e Milano*, a cura di G.A. Dell'Acqua, Milano 1982, pp. 83-88.

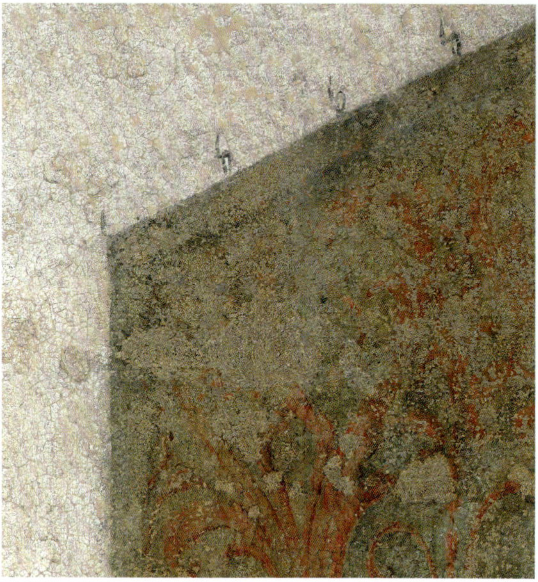

Leonardo da Vinci, *Cenacolo*. Dettagli dello sfondo: i chiodi che sorreggono l'arazzo (sopra) e lo sportello alle spalle di Matteo (a fianco, particolari).

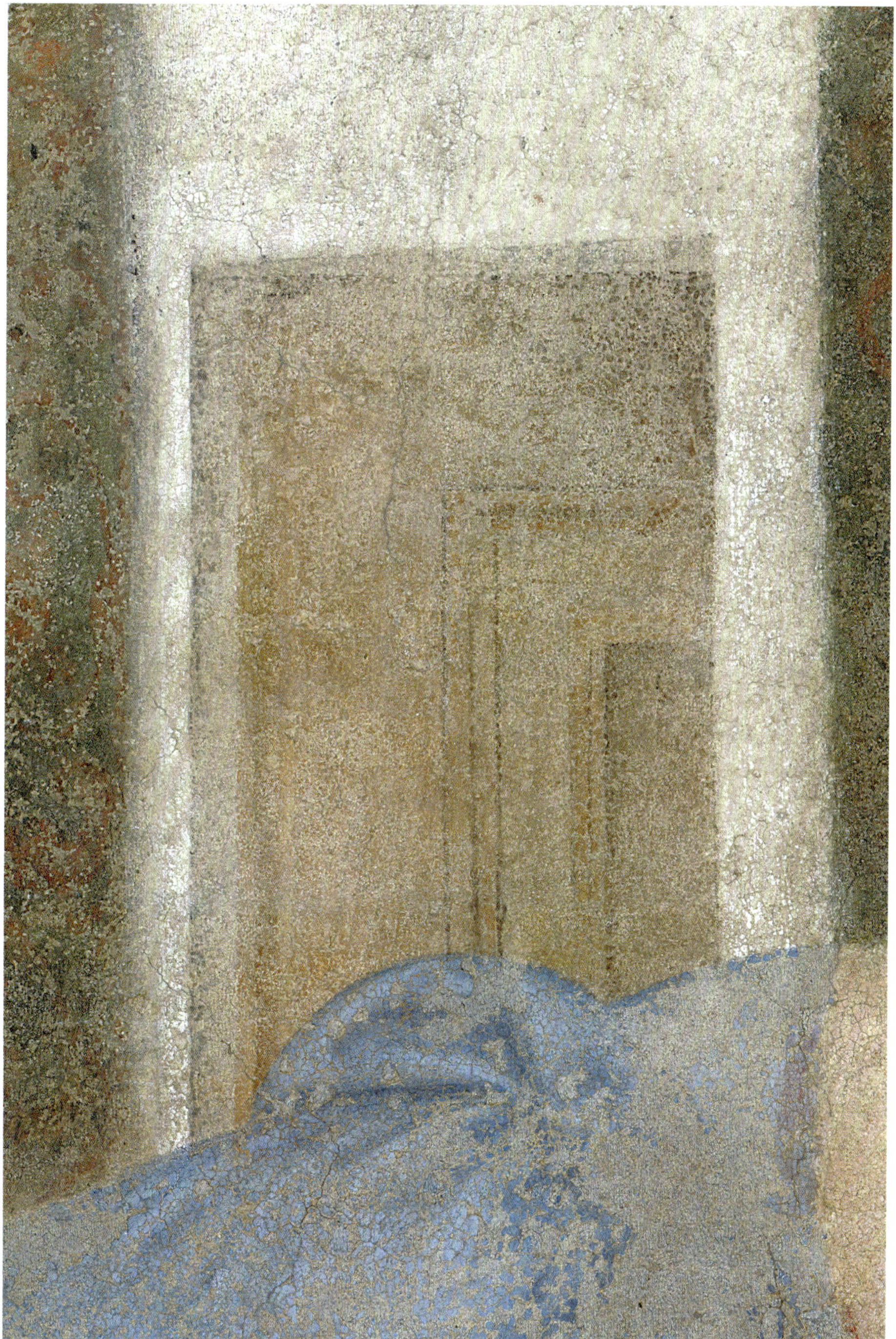

Nota bibliografica

Del restauro compiuto nel 1977-1999 hanno via via già dato conto, man mano che il lavoro procedeva dall'alto in basso e da destra verso sinistra, C. Bertelli e B. Fabjan, *Il Cenacolo di Leonardo*, in "Brera. Notizie della Pinacoteca", autunno-inverno, 1981-1982, pp. 1-3; C. Bertelli, *Verso il vero Leonardo*, in *Leonardo e Milano*, a cura di G.A. Dell'Acqua, Milano 1982, pp. 83-88; C. Bertelli, in L.H. Heydenreich, *Invito a Leonardo...* cit., 1983, pp. 127-156; Id., *Il Cenacolo vinciano*, in *Santa Maria delle Grazie in Milano*, Milano 1983, pp. 188-195; D.A. Brown, *Leonardo's Last Supper. The restoration*, Washington, D.C., 1983; P. Brambilla Barcilon, *Il Cenacolo di Leonardo...*, cit., 1984; B. Fabjan, in *Leonardo. La pittura*, 1985, pp. 90-94; C. Bertelli, *Leonardo e l'Ultima Cena* (1495-1497 circa), in *Tecnica e stile: esempi di pittura murale del Rinascimento italiano*, a cura di E. Borsook e F. Superbi Gioffredi, The Harvard University Center for Italian Renaissance Studies at Villa I Tatti, Firenze 1986, pp. 31-42; R. Tardito, *Il Cenacolo di Leonardo e il suo recente restauro*, in "Raccolta Vinciana", fasc. XXIII, 1989, pp. 3-16; P. Brambilla Barcilon e P.C. Marani, *Le lunette di Leonardo nel Refettorio delle Grazie*, in "Quaderni del restauro", 7, 1990; P.C. Marani, *Leonardo's Last Supper: Some Problems of Restoration and new Light on Leonardo's Art*, in *Nine Lectures on Leonardo da Vinci*, a cura di A. Bednarek e F. Ames Lewis, University of London, London 1990, pp. 45-52; Id., *Le alterazioni dell'immagine dell'Ultima Cena di Leonardo dopo le più recenti analisi*, in "Kermès. Arte e tecnica del restauro", III, n. 7, 1990, pp. 64-67.

Una prima campagna fotografica relativa alla parte destra della composizione dopo il suo restauro (fino alla figura di Cristo compresa) è pubblicata in P.C. Marani, *Leonardo*, Milano 1994 (altre edizioni: Madrid 1995; Parigi 1996). Le analisi compiute durante il restauro hanno consentito di stabilire anche la tecnica adottata da Leonardo: una pittura a tempera (forse mischiata a olio) data su due strati di preparazione, la prima, più grossolana, di carbonato di calcio, la seconda, più fine, per farvi aderire la pittura, a base di bianco di piombo. Si veda H. Kühn, *Bericht über die Naturwissenschaftlichen Untersuchungen der Malerei des Mailänder Abendmahls*, in "Maltechnik", IV, 1985, pp. 24-51. Le più importanti analisi effettuate sul dipinto murale,

gli esami fisico-chimici e le precauzioni poste in opera per la sua conservazione sono raccolte nel volume a cura di G. Basile e M. Marabelli, *Leonardo. L'Ultima Cena. Indagini, ricerche, restauro*, Roma-Firenze 2007 (su cui vedi la recensione di P.C. Marani, *Sul Cenacolo di Leonardo: trent'anni di studi e ricerche*, in "La Ca' Granda", Fondazione Policlinico di Milano, Anno XLVIII, nn. 3-4, 2008, pp. 27-28). La relazione finale di restauro e le nuove acquisizioni a esso seguenti sono invece contenute in P.C. Marani e P. Brambilla Barcilon, *Leonardo. L'Ultima Cena*, Electa, Milano 1999.
Il restauro concluso dieci anni fa, iniziato con saggi di pulitura nel 1977, non ha mancato di suscitare commenti e anche qualche dissenso. I più seri vengono da M. Kemp, *Looking at Leonardo's Last Supper*, in *Appearence, Opinion, Change: Evaluating the Look of Paintings*, United Kingdom Institute for Conservation, London 1990, e Id. *Authentically Dirty Pictures*, in "Times Litterary Supplement", 17 maggio 1991, cui ha risposto P.C. Marani, *Lettera a Martin Kemp (sul restauro del Cenacolo)*, in "Raccolta Vinciana", VVV, 1993, pp. 463-467. A Questo scritto ha ribattuto lo stesso M. Kemp, *Letter to Pietro Marani (on the restoration of the Last Supper)*, in "Raccolta Vinciana", XXVI, 1995, pp. 359-366. Vedi anche J. Franck *The Last Supper, 1497-1997: The Moment of Truth*, in "Achademia Leonardi Vinci. Journal of Leonardo Studies and Bibliography of Vinciana", vol. X, 1997, pp. 165-182.
Fra gli studi usciti successivamente, rinvio, soprattutto per il contesto e la fortuna del *Cenacolo* dal Cinquecento al Settecento a P.C. Marani, *Il Cenacolo di Leonardo e i suoi restauri nella Milano fra il XV e il XX secolo fra arte e fede, propaganda politica e magnificenza civile*, in "I Tatti Studies. Essays in the Renaissance", volume 7 (1997), 1998, pp. 191-229. Per il significato eucaristico e le copie: L. Steinberg, *Leonardo's Incessant Last Supper*, New York 2001; nonché il catalogo della mostra tenutasi a Palazzo Reale di Milano nello stesso 2001: *Il Genio e le Passioni. Leonardo e il Cenacolo. Precedenti, innovazioni, riflessi di un capolavoro*, a cura di P.C. Marani, Prefazione di Sir E.H. Gombrich, Skira, Milano 2001, dove il lettore potrà trovare anche qualche precisazione circa la cronologia delle varie fasi di approntamento degli studi preparatori, lievemente anticipati, talora anche intorno al 1490 (è il caso del disegno citato a Windsor, n. 12542), sulla reale committenza del *Cenacolo* (forse iniziato per impulso di Galeazzo Maria Sforza) e sulla fortuna critica della pittura murale fra Otto e Novecento. Novità sulle modalità di progettazione della composizione secondo una maglia modulare quadrangolare (metodo poi applicato anche da Bramantino nelle sue pitture) sono venute dagli studi recentissimi di Matthew Landrus, oggetto di una Tesi di Ph.D presso l'Università di Oxford e di cui lo stesso studioso ha dato conto in M. Landrus, *The Proportions of Leonardo's "Last Supper"*, in "Raccolta Vinciana", XXXII, 2007, pp. 43-100.
L'importanza e la validità del restauro condotto da Pinin Brambilla sul *Cenacolo* sono state riconosciute recentemente anche da Giovanni Romano, *Il restauro del Cenacolo di Leonardo: una nuova lettura*, in "Il corpo dello stile. Cultura e lettura del restauro nelle esperienze contemporanee. Studi in ricordo di Michele Cordaro", a cura di C. Piva e I. Sgarbozza, Bergamo-Roma 2005, pp. 53-64. Si veda, da ultimo, per l'impatto suscitato dal *Cenacolo* sui contemporanei fino a Raffaello, P.C.

Marani, *9 febbraio 1498: il Cenacolo svelato*, in "I giorni di Milano", Laterza, Bari 2009.
Tra gli studi critici più recenti sul *Cenacolo* vedi M. Kemp, *Leonardo. Nella mente del genio*, Einaudi, Torino 2006, specie pp. XVII-XVIII, con grande apprezzamento del restauro Brambilla; per una rassegna sulle ulteriori reazioni all'ultimo restauro, si veda P.C. Marani, *Leonardo. Il Cenacolo svelato (The Last Supper unveiled / La Cène dévoilée)*, Skira, Milano 2011. I risultati delle analisi in RTI (Reflectance Transformation Imaging) condotte dai Laboratori di Restauro della Venaria Reale di Torino nel 2010, che mettono in evidenza la sopravvivenza di ampie parti di pittura e preparazione originale in corrispondenza del volto di Cristo, sono pubblicati in P.C. Marani, *Leonardo's Last Supper: technique of execution and conservation thirteen years after its restoration*, in *Leonardo da Vinci's technical practice. Paintings, drawings and influence*, Atti del Convegno di Studi (Londra, National Gallery, 13-14 gennaio 2012), edited by M. Menu, Hermann, Paris 2014, pp. 162-167; e da P. Brambilla Barcilon, *Recenti indagini sul Cenacolo*, in *Leonardo da Vinci: Tecniche e metodi per la costruzione della conoscenza*, Atti del Convegno internazionale di studi (Politecnico di Milano, 13-14 maggio 2015), a cura di P.C. Marani e R. Maffeis, Nomos Edizioni, Busto Arsizio 2016. La storia e il diario di lavoro della restauratrice nel pluriventennale restauro della pittura murale sono oggi leggibili in P. Brambilla Barcilon, *La mia vita con Leonardo*, Electa, Milano 2015. Per il contesto degli studi scientifici e artistici in cui si colloca l'esecuzione del *Cenacolo* può essere utile il ricorso a *Leonardo da Vinci 1452-1519. Il Disegno del mondo*, catalogo della mostra (Milano, Palazzo Reale, 15 aprile – 19 luglio 2015), a cura di P.C. Marani e M.T. Fiorio, Skira, Milano 2015.

Il refettorio del Convento di Santa Maria delle Grazie: architettura e restauri

Chiara Rostagno

Nella struttura architettonica e nella vita di un convento, il refettorio è un luogo nel quale la vita quotidiana e la vita spirituale si fondono. La sala espositiva del Museo del Cenacolo Vinciano ha luogo nel refettorio del convento dei padri Domenicani di Santa Maria delle Grazie e, ancora oggi, accoglie l'incontro fra umano e divino, fra l'arte e la vita, in molte delle sue declinazioni. Per questo non deve stupire che un dato costante nelle trasformazioni architettoniche apportate al refettorio sin dal finire del Quattrocento siano state le esigenze d'uso, al fianco delle espressioni d'arte e di fede.
Come ci suggerisce la lettura che J.W. Goethe consegna di questo spazio: "[...] immaginatevi di trovarvi in questo luogo e figuratevi la calma discreta e indisturbata che regna in un simile refettorio [...] allora ammirerete l'artista che seppe infondere nel suo lavoro un'intensa emozione e un'attiva vitalità, e che mentre restava il più possibile vicino alla natura, allo stesso tempo creava un contrasto con le scene della vita reale immediatamente circostanti". L'idea di compenetrazione fra umano e divino che Leonardo enfatizza, salda la grammatica visiva dell'*Ultima Cena* con lo spazio reale.

Il refettorio ha avuto fasi edificatorie distinte che ne hanno ridefinito l'architettura, le componenti decorative, gli usi e gli arredi nel corso dei secoli, in relazione alle diverse fortune o sventure del compendio. Una prima significativa si colloca nell'ultimo decennio del Quattrocento e suggella in qualche misura il vasto e articolato progetto di riforma del compendio di Santa Maria delle Grazie che Ludovico il Moro intraprende per suggellare, con l'arte e l'architettura, la grandezza della dinastia sforzesca, e per rinnovare in forma manifesta i benefici accordati al Convento dai suoi predecessori. A una seconda stagione appartengono le trasformazioni compiute tra gli anni cinquanta del Seicento e il 1663.

L'*Ultima Cena* sin dal principio del sedicesimo secolo appare un'opera "excellentissima" quanto fragile e "fugace", usando l'efficace espressione che Antonio de Beatis ci consegna. In questa luce si collocano le testimonianze che sin dal Cinquecento si susseguono e descrivono l'opera come corrotta e che la restituiscono come straordinaria quanto danneggiata e – forse – in procinto di svanire.

In qualche misura la conversione del refettorio in uno spazio museale è avvenuta naturalmente, sin dall'epoca nella quale Leonardo si trova presso le Grazie e si consolida poi, come luogo di erudizione senza pari per i cultori e gli studiosi dell'arte, sollecitati dall'interpretazione letteraria dell'opera. E questa lettura, per alcuni aspetti, pare persino sovrastare l'opera reale e supplire la sua crescente e drammatica distanza dalla perfezione iniziale[1].

Tra quanti possono nei secoli avere esperienza diretta non è chi non veda quanto "l'opera sublime" possa aver incontrato difficoltà oggettive di conservazione, derivanti sia dai caratteri della tecnica pittorica adottata dall'autore sia dalle caratteristiche di ambiente e di uso del refettorio. Il tramestio di piatti, lo scolo per le bevande refrigerate con ghiaccio nei mesi estivi, le tinozze d'acqua, i fumi provenienti dalla finestra della vicina cucina, gli effetti nefasti del vento "nei tempi di scirocco" irrompono sovente nella storia del *Cenacolo* e nelle descrizioni del suo degrado: nei testi e nei documenti storici le condizioni d'ambiente e l'uso quotidiano degli spazi non risultano prive di possibili effetti negativi.

Molti sono i punti ancora oscuri e lo stesso fenomeno fisico narrato in letteratura, ovvero quello del muro dipinto che trasuda umidità – accennato sin da Antonio de Beatis – richiama alla nostra mente i fenomeni di migrazione interstiziale dell'umidità e di condensazione del vapor acqueo, che sono propri delle murature esterne o di vestibolo, acuite dal regime dei venti.

Le "cagioni della disgrazia", ovvero il motivo delle difficoltà di conservazione, sono molteplici e certamente rese più severe dal fatto che la parete dipinta sia orientata a nord e sia stata prossima ad aperture che l'hanno esposta agli "umori" e agli esiti degli usi delle sale contermini.

Nei giorni di scirocco i fenomeni di condensazione superficiale e di presenza dell'acqua sulla superficie dipinta appaiono persino drammatici e, a tratti, pare addirittura che vi sia piovuto[2]. Sul principio del Seicento il dipinto pare inesorabilmente perduto e le esigenze di uso del compendio conventuale mutano. Alla fase a cavallo tra metà

XVII e il 1663, la letteratura e i documenti fanno corrispondere due mutamenti radicali nell'uso dello spazio architettonico del refettorio. Nello scorrere di poco più di un decennio è ampliata la porta presente nella parete nord, tagliando così i piedi di Cristo, e si procede con una serie di importanti riforme nell'organizzazione della composizione architettonica del refettorio: con l'inserimento di un nuovo lavatoio per il lavaggio rituale delle mani dei Reverendi Padri e la disposizione di nuovi tavoli e sedili[3]. Certo la presenza della Sacra Inquisizione aveva mutato radicalmente la struttura e la vita del complesso architettonico, che si completava con un sistema di chiostri e spazi aperti e con un giardino dal disegno barocco, con asse prospettico centrale, anditi convergenti e forme sinuose. Al margine del refettorio si trova il giardino delle spezie e delle erbe officinali dei Padri, secondo tradizione. Se il Seicento sembra un secolo votato alla trasformazione e al rinnovamento, il secolo successivo risulta invece di straordinaria importanza per la conservazione: il destino dell'opera si lega indissolubilmente a primi sistematici interventi di riparazione che, come sovente accade per il restauro, rimangono avvolti nel mistero.

I "segreti" sono usi ai restauratori e con Michelangelo Bellotti appaiono, in qualche misura, persino arditi. Ma, secondo le letture d'oggi dei fenomeni descritti all'epoca, è plausibile che egli abbia condotto un intervento di restauro operando, con buona probabilità, attraverso "lavaggi con soda caustica e potassa" delle superfici, per poi eseguire una sorta di "verniciatura del dipinto", al fine di attenuarne l'opacizzazione derivata dai trattamenti precedenti.

Attorno al *Cenacolo* e alla necessità di riparare i danni presenti si pongono quindi questioni relative al restauro. Seppur lungi dall'a-

Compendio di Santa Maria delle Grazie Museo del Cenacolo Vinciano, Progetto di conoscenza e restauro, 2016

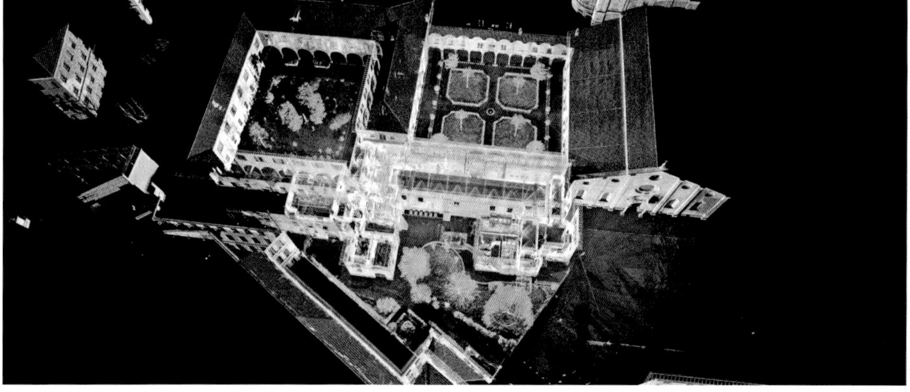

vere il tenore di riflessioni compiute intorno al valore dell'antico e al tema dell'autenticità (che avranno poi svolgimento nel corso della seconda metà dell'Ottocento), si profila all'orizzonte un dibattito serrato intorno all'opportunità, o meno, di "toccar le opere de' grandi autori"[4] e, nel merito, dell'essere talvolta "assai meglio l'avere un loro pezzetto non tocco, che averne un gran pezzo ritoccato da pennello non suo. Ma a ciò potrebbesi opporre, che quando la mano ristoratrice sia d'un pittore valente, sia meglio restaurare un'opera, che lasciarla del tutto perire"[5].

Nel 1770 è documentata l'esecuzione di un nuovo intervento sul dipinto di Leonardo, condotto da Giuseppe Mazza. L'anno precedente era stato compiuto il rifacimento complessivo della pavimentazione del refettorio, con la contestuale eliminazione dei canali di scolo dell'acqua che risultavano presenti.

Circa l'intervento di Mazza, non vi sono fonti documentali dalle quali possa esserne desunta con certezza l'entità e la durata. Pur tuttavia le note scritte suggeriscono la conduzione di una sorta di "restauro del restauro". Le descrizioni restituiscono un intervento che oltre ad attività di pulitura (eseguita presumibilmente con il cosiddetto "olio di tartaro", una sostanza altamente mordace) ha poi comportato l'esecuzione di interventi di rimozione puntuale ("le raschiò con ferri", ci riferisce in seguito Giuseppe Bossi) e ridipinture con spessi strati di colore, realizzati con olio "a corpo"[6].

Sul finire del secolo, dai documenti traspare l'immagine di un luogo privo di vita, esposto agli eventi atmosferici, senza finestre, e che si appresta a mutare radicalmente il proprio uso. Indelebile è la memoria orale, trascritta successivamente, della visita compiuta al refettorio da Napoleone Bonaparte: la voce di un testimone narra di Bonaparte che giunge a cavallo presso le Grazie, lo descrive rapito dalla grandezza dell'*Ultima Cena* e lo delinea nell'attimo in cui "montando a cavallo scrisse l'ordine, perché vi fossero tolti i soldati e venisse rispettata e ben custodita la pittura"[7]. Le fonti concordano circa la successiva presenza di truppe austriache, anche se non vi è una tesi condivisa sull'uso specifico assegnato al refettorio.

Anche durante la Repubblica Cisalpina, si era posta la necessità di disporre del refettorio per l'alloggiamento delle truppe, "evitando pericoli" per l'opera di Leonardo da Vinci e viene deciso di "porre una cesata di legno nella debita distanza, perché possa avere aria sufficiente, onde conciliare per questa guisa il servizio della truppa colla manutenzione della surriferita dipintura"[8].

L'Ottocento risulta quindi un secolo controverso sia per la conservazione dell'opera, sia per l'uso del refettorio; il duplice intervento

di Stefano Barezzi ne è, in qualche misura, una conseguenza paradigmatica.
Come ricorda Luca Beltrami, "il restauro eseguito dal Bellotti, e in parte solo levato dal Mazza, ebbe qualche efficacia, finché il locale si trovò adibito a refettorio, mantenendo un certo grado di coesione nel sottile strato colorante superficiale; mentre il successivo abbandono del locale, assieme alle varie svariate ed inadatte destinazioni al medesimo assegnate, dovettero fatalmente determinare la contrazione di quello strato, il conseguente screpolamento, ed il distacco dal sottostante intonaco"[9]. Nel 1819 Barezzi presentava l'ipotesi di un'applicazione sperimentale di un proprio metodo congegnato per il trasporto di affreschi su tele o tavole. Nel 1821 viene valutata la possibilità di eseguire una prova di strappo, con esiti del tutto incerti. L'Imperiale Regia Accademia di Belle Arti e l'opinione pubblica giungono, per voce di William Brockedon, a ritrarre l'autore dell'intervento come un "povero ciarlatano dell'arte" che "[...] tradì così la propria presunzione ed ignoranza, che perfino a Milano si trovò abbastanza spirito civico per appellarsi alle autorità e fermare queste manovre sacrileghe"[10].
Ciò nonostante è lo stesso Stefano Barezzi a intervenire fra il 1853 e il 1856. Il fine dell'intervento è il tentativo di condurre il dipinto alle sue condizioni primitive, sotto la sorveglianza di una Commissione speciale di accademici formata da Francesco Hayez, Antonio de Antonj, Giuseppe Molteni e Giovanni Servi[11]. Approvato dal Governo austriaco, l'intervento nel marzo del 1855 risulta per metà compiuto e nel luglio del 1856 Barezzi risulta "sciolto da ogni ulteriore impegno". Ma come ricorda Luca Beltrami, "cinque anni dopo, il Mongeri, constatato come la pittura avesse perduto il lucido dei primi mesi, già segnalava ulteriori problemi conservativi".
Gli esiti degli interventi ottocenteschi sono distanti dalle attese[12]. Nel 1881 si segnala la necessità di intervenire sulle trasformazioni operate durante i periodi d'uso del compendio di Santa Maria delle Grazie quale caserma[13].
Luca Beltrami assume un ruolo decisamente importante. Ricevuto in consegna il Cenacolo Vinciano, come Direttore dell'Ufficio regionale dei monumenti di Lombardia, egli impone ai lavori un orientamento differente rispetto al passato. L'obiettivo manifesto delle azioni intraprese è quello di comprendere gli interventi eseguiti nel tempo, anche con l'ausilio di un piano conoscitivo scientificamente condotto con il supporto di una Commissione ministeriale e di "altri studiosi". A tale programma "subordinato ad un certo lasso di tempo per le metodiche osservazioni" relative alla temperatura e all'umidità presenti, si associa

un insieme di interventi articolato, teso al miglioramento delle condizioni complessive d'ambiente e di fruizione[14].

Sul principio del Novecento l'Ufficio regionale provvede alla realizzazione di lavori architettonici, tesi a "ripristinare le originarie condizioni di luce nelle quali il Cenacolo era stato dipinto, col riportare e ridurre le finestre alla loro forma originaria, assicurando in pari tempo le condizioni normali di aerazione"[15]. Contestualmente lo studio condotto dalla Commissione è affiancato, sin dal 1903, dall'opera di Luigi Cavenaghi che dopo puntuali studi procede identificando i principali fenomeni di degrado ed esegue prove di "rinsaldo", ovvero di fissaggio delle "particelle dipinte". Le complesse attività di "Rinsaldamento del Colore e ripulitura generale" sono concluse nell'estate del 1908: "con esito felice, e col plauso generale"[16].

Nel 1924 si registra un nuovo intervento di pulitura e consolidamento. Ne è esecutore Oreste Silvestri, incaricato di rimuovere la polvere depositatasi sul dipinto, ovvero della cosiddetta "spolveratura". In realtà è documentata la richiesta della Soprintendenza di eseguire anche puntuali consolidamenti con resine.

Nel corso del secondo conflitto mondiale si registra, nell'agosto del 1943, il maggiore affronto che la storia abbia riservato al compendio. "La tragedia più grave": un bomba colpisce il refettorio provocando la distruzione della volta, della parete est e del pavimento. Gli esiti del bombardamento e la devastazione del compendio si apprendono dalle immagini fotografiche dell'epoca. Le Grazie sono un luogo straziato: poche figure operose si aggirano fra le macerie, alcuni uomini sono inerpicati sui tetti: stendono teli compassionevoli e riparano con mezzi di fortuna.

Le parole accorate di Fernanda Wittgens lo confermano[17]. "Il risveglio fu terribile: nelle tre notti dell'agosto del 1943, fra i molti monumenti colpiti dalla cieca furia della guerra, era anche la Chiesa di Santa Maria delle Grazie e il refettorio [...] risparmiando però miracolosamente la parete del Cenacolo e le sovrapposte lunette adorne di stemmi sforzeschi tra mirabili corone floreali: un Miracolo!"[18]

Il restauro successivo ai danni dei bombardamenti dell'ultimo conflitto mondiale è un documento straordinario e ci restituisce quanto il mondo dell'arte e della cultura abbia temuto e concorso al fine di affrontare un danno che era parso, in principio, irreparabile.

Solo nel febbraio del 1946 i tecnici della Soprintendenza alle Gallerie poterono "avvicinarsi" al refettorio e avviare le opere di restauro del dipinto (della "parete sacra", usando le parole di Fernanda Wittgens). Quei giorni coincidono anche con il rientro di Ettore Modigliani a Milano, dopo l'esilio decennale. Nel 1947, dopo oltre un anno di

studi, il Ministero autorizza l'intervento di Mauro Pelliccioli, finalizzato al consolidamento con gommalacca decerata e diluita in alcool. Il dibattito relativo agli orientamenti operativi della ricostruzione concerne anche l'architettura e l'opportunità – o meno – di riproporre non solo il volume, ma anche il sistema delle aperture e persino il repertorio decorativo che, un tempo, risultava presente. Leggendo a luce radente la parete est traspaiono i ripensamenti, l'accelerazione della mano ricostruttrice rispetto al pensiero disciplinare: le aperture appaiono eseguite e chiuse e, nel punto più vicino alla parete nord, affiora un'ipotesi di ricostruzione delle decorazioni un tempo presenti. Pelliccioli nel 1951-1952 e nel 1954 effettua l'asportazione puntuale di porzioni dei rifacimenti condotti dai restauri precedenti – principalmente settecenteschi – attraverso acquaragia e alcool, col bisturi. Successivamente l'opera passa alla reintegrazione delle lacune, con tempere di colore neutro e forse caseina. Se, da un lato, come ricorda Wittgens risulta impossibile "[...] analizzare i particolari della prodigiosa operazione", dall'altro, come nel Settecento, anche il restauro postbellico della *Cena* segna un avamposto del dibattito disciplinare. Nel complesso rapporto tra Gino Chierici e Mauro Pelliccioli troviamo compiutamente espresso e anticipato il confronto, anche con tratti accesi e duri, che vedrà la disciplina del restauro contesa, nella seconda metà del Novecento, tra il primato delle indagini diagnostiche *tout court* e l'adozione di prassi operative non compiutamente decifrabili e ricondotte alla cosiddetta "tradizione del restauro".
Nel 1977 viene eseguito un lavoro complessivo di restauro della *Crocifissione* di Giovanni Donato da Montorfano a opera di Pinin Brambilla Barcilon. Contestualmente prende avvio il restauro compiuto dell'*Ultima Cena* di Leonardo che, fra il 1977 e il 1999, ha segnato un punto di svolta nella vicenda plurisecolare del dipinto; l'esecuzione dell'intervento è affidata alla stessa Brambilla[19].
L'opera di restauro permette di ritrovare, sebbene in pochi frammenti superstiti, quella materia che Marani indica, senza indugio, come "[...] dotata d'una sorprendente carica luminosa, che sembra rigenerare anche le zone circostanti dove appare soltanto la preparazione"[20]. La stessa Brambilla descrive il lavoro come una "restituzione anomala", che obbligava a "cercare di intuire a priori il tessuto pittorico e la qualità cromatica delle altre parti, per mantenere una visione corretta e armoniosa dai particolari all'insieme"[21], con il metodo dell'integrazione pittorica tonale.
La decisione assunta è quella di procedere alla rimozione complessiva degli strati di ridipinture e rifacimenti sovrammessi, antichi e moderni. Gli studi propedeutici all'intervento hanno inizio nel 1976: il la-

voro compiuto a partire dalle prime sollecitazioni del soprintendente Franco Russoli è immane e viene condotto all'unisono con l'Istituto Centrale del Restauro (ora ISCR) e altri istituti di ricerca specialistici. Brambilla conduce il lavoro sotto la guida di Stella Matalon, Carlo Bertelli, Rosalba Tardito, Pietro Petraroia e Pietro Cesare Marani dal 1992. Il lavoro risulta intenso e corale, tanto che Marani stesso lo descrive come condotto attraverso "quante più analisi e ricerche fossero possibili di carattere chimico, fisico, ambientale, statico e strutturale, climatico, oltre che una campagna di rilevamento fotografico capillare"[22]. Allo sguardo e alla mano critica e sapiente del restauratore, dell'architetto e alla capacità interpretativa dello storico dell'arte si affiancano, con sistematicità, metodi e tecniche di analisi desunte dall'applicazione delle scienze alla conservazione e allo studio dei Beni culturali.
Il refettorio assume progressivamente[23] le sembianze di una grande teca, all'interno della quale i visitatori entrano attraverso un sistema di camere di filtro, congegnate per eliminare le polveri e i gas inquinanti da loro veicolati.
Se, nell'immaginario collettivo, il termine museo è talvolta assimilato a un luogo polveroso e incapace di rinnovamento, il Museo del Cenacolo Vinciano cerca di esserne un'antitesi. Nel periodo trascorso dal 1999 a oggi, gli organismi di tutela e di valorizzazione hanno costantemente vigilato sulle condizioni di conservazione e agito operando attraverso la nozione di cura preventiva, secondo gli orientamenti disciplinari attuali del restauro. Due sono i grandi temi di studio e ricerca che consentono di permettere la conservazione dell'architettura e dei suoi contenuti. Il trattamento e condizionamento dell'aria, che è garantito in condizioni esemplari attraverso un sistema di osservazioni ambientali e di monitoraggio. Il sistema di sostegno e monitoraggio strutturale, a oltre trentacinque anni dalle prime valutazioni sistematiche, ha prodotto una base di dati tale da permetterci una conoscenza del comportamento strutturale della fabbrica architettonica.
Dagli anni Ottanta del Novecento, le condizioni ambientali e strutturali sono state costantemente monitorate. Il termine "monitoraggio", che con la cura quotidiana delinea i caratteri delle prassi del restauro preventivo, è un termine stupendo ed efficace. Richiama alla mente l'atto del monitore, di colui che deve educare, istruire, informare. Chiunque si avvicina al Museo del Cenacolo Vinciano ed è a vario titolo coinvolto nel processo di studio, conservazione, valorizzazione e fruizione avverte distintamente una sorta di "vertigine". Un senso di responsabilità assoluto, sia nei confronti di coloro la cui vita ha

lambito questo luogo in oltre cinque secoli storia, sia nei confronti di coloro che verranno.

Secondo gelidi calcoli statistici, le condizioni di conservazione attuali sono in grado di garantire la conservazione del patrimonio del Museo inalterato per i prossimi cinque secoli. Ogni anno almeno 420.000 visitatori vivono l'alchimia dell'incontro con questo luogo. Proiettando il dato per cinque secoli ne ricaviamo una moltitudine che è, nei fatti, il significato autentico dell'essere un Patrimonio dell'Umanità.

[1] P.C. Marani, *Il cenacolo di Leonardo e i suoi restauri nella Milano fra XV e XX secolo fra arte e fede, propaganda politica e magnificenza civile*, in "I Tatti Studies. Essays in the Renaissance", VII, 1998, pp. 191-229.

[2] D. Pino, *Storia genuina del Cenacolo insigne dipinto da Leonardo da Vinci nel Refettorio de' Padri Domenicani di Santa Maria delle Grazie*, Milano 1796. Anche: F. Wittgens, *Il Cenacolo di Leonardo da Vinci*, Milano 1958, p. 12.

[3] I testi riferiscono la presenza di documenti presso l'Archivio del Convento attestanti il pagamento delle maestranze operanti fra il 1652 e il 1663. Un prima notizia sistematica nel merito è restituita da D. Pino, *op. cit.*, p. 38.

[4] D. Pino, *op. cit.*, pp. 47-48.

[5] *Ibidem.*

[6] P. Brambilla Barcilon, *Il Cenacolo di Leonardo in Santa Maria delle Grazie. Storia, condizioni, problemi*, Olivetti, Ivrea 1985, p. 37.

[7] ASMi, Fondo Località Milanesi, Riferimenti ad altre serie e notizie storiche, cart. 186.

[8] *Ibidem.* Si veda anche G. Mongeri, *Sulla conservazione del Cenacolo di Leonardo da Vinci,* estratto della rivista "Perseveranza", Tipografia del dott. F. Vallardi, Milano [1861].

[9] L. Beltrami, *La Chiesa di Santa Maria delle Grazie in Milano e il Cenacolo di Leonardo da Vinci*, Milano 1910, p. XX.

[10] La nota del pittore inglese è riportata in L.H. Heydenreich, *Leonardo. The Last Supper*, London 1974 (trad. it. Milano 1982), p. 97.

[11] Ufficio Regionale per la Conservazione dei Monumenti della Lombardia, "Le vicende del Cenacolo di Leonardo da Vinci nel secolo XIX", Milano 1906, pp. 23-62.

[12] *Ibidem.*

[13] "La Perseveranza", Tipografia del dott. F. Vallardi, Milano, 16 giugno 1881.

[14] L. Beltrami, *op. cit.*, p. XXII.

[15] *Ibidem*, pp. XXI-XXII

[16] *Ibidem*, pp. XXII-XXIII.

[17] F. Wittgens, *Restauro del Cenacolo,* in "Leonardo. Saggi e Ricerche", Comitato Nazionale per le onoranze a Leonardo da Vinci nel quinto centenario dalla nascita, Roma 1954, pp. 3-4.

[18] *Eadem*, *Il Cenacolo di Leonardo da Vinci*, Milano 1958, p. 11.

[19] Fondamentale è il lavoro di P.C. Marani e P. Brambilla Barcilon, *Leonardo. L'Ultima Cena,* Milano 1999.

[20] *Ibidem*, p. 55.

[21] P. Brambilla Barcilon, *La mia vita con Leonardo*, Milano 2015, p. 95.

[22] P.C. Marani, vedi in questo volume p. 58.

[23] I risultati sono stati conseguiti grazie al lavoro incessante delle Soprintendenze per i Beni Architettonici e Paesaggistici di Milano e per i Beni Storico Artistici. Oggi il Polo Museale della Lombardia prosegue tali attività.

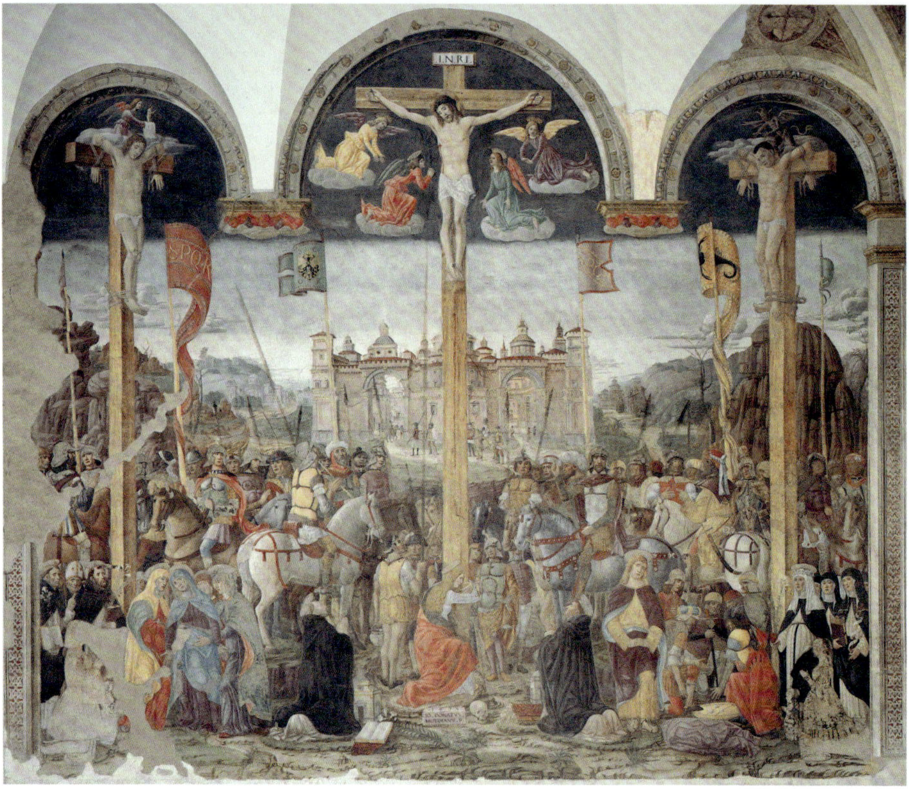

La parete sud
del refettorio.
Giovanni Donato
Montorfano
Crocifissione, 1495.
Affresco

La parete meridionale: la *Crocifissione* di Montorfano

Stefano L'Occaso

La sagoma della testata sud è profilata da una cornice architettonica che segna il passaggio dal volume architettonico reale a uno spazio aperto sulla visione del Calvario, con una netta cesura. La *Crocifissione* fu dipinta da Giovanni Donato Montorfano (dal paese d'origine), il quale la datò e firmò con orgoglio ("1495 / IO[HANNES] DONATVS / MONTORFANVS P[INXIT]"), su un blocco di pietra squadrato posto ai piedi della croce. È l'unica opera firmata dell'artista, scarsamente documentato e da non confondere con lo "squarcionesco" Giovanni Montorfano, attivo anche in Liguria.

Di fianco all'epigrafe è il teschio d'Adamo, simbolo del peccato originale. Dal teschio, stando alla *Legenda Aurea* di Jacopo da Varazze (un testo del XIII secolo, che ebbe grande diffusione) nacque l'albero della vita donde fu tratto il legno della croce.

La croce di Cristo, come le due alle quali sono legati i due ladroni – il buono a sinistra, Dismas, e il cattivo a destra, Jestas – svetta altissima, solcando l'intero spazio della parete e invadendo quello delle lunette.

Queste poggiano su peducci, destrutturati e sostenuti infatti da protomi angeliche. Il brusco cambio della tonalità del cielo all'imposta delle lunette sottolinea l'irresoluta continuità spaziale. L'affastellata immagine, priva di una sapiente organizzazione, è governata da non meno di tre punti focali della prospettiva, posti a quote diverse ma tutti lungo l'enorme sviluppo verticale della croce centrale.

Le figure sono nettamente delineate e campite con colori contrastanti, brillanti, e sono avvolte in panneggi duri, quasi metallici; la veste inconsutile appoggiata a terra – a destra, ai piedi di san Giovanni Evangelista e alla portata dei soldati che se la giocano ai dadi – è frastagliata e inamidata come potrebbe essere una scultura di Piatti o Amadeo.

Perfetta (pedante) è la simmetria nella disposizione dei gruppi e delle singole figure. Il ritmo binario e paratattico è ribadito anche da una Gerusalemme in secondo piano, ripensata attraverso gli occhi di Filarete, si direbbe, ma con accenni bramanteschi. I due ladroni in cima alle croci laterali sembrano tratti sostanzialmente dallo stesso cartone rovesciato, come i cavalieri. Persino le bandiere rispondono al medesimo senso di assoluto equilibrio. Su una campeggia il consueto SPQR, ma su quella vicina vi è la scritta SCOR con uno scudo recante l'emblema araldico dello scorpione. È questo un simbolo molto spesso presente nell'arte medievale e rinascimentale, associato ai "nemici della fede". Come simbolo negativo o sovversivo lo scorpione è usato da Ezechiele (2,6) e nelle prediche di san Bernardino da Siena; è precisamente associato agli "infedeli" nella *Genealogia turcorum imperatorum* di Felix Petancius Ragusinus della Biblioteca Corviniana (1502). Si ricordi però anche che Tiberio, sotto cui Cristo fu crocifisso, nacque il 16 novembre, proprio sotto il segno dello scorpione, che era l'insegna dei pretoriani.
Il modello presentato da san Domenico è un piccolo edificio a pianta quadrata con un coperto a padiglione posto su un attico concavo che ha un oculo centrale su ciascun lato. Tale modello, come quello "gemello" sulla destra, è stato interpretato come un'allusione a un edificio sepolcrale, data anche l'iconografia della *Crocifissione*.
Nello stile dell'artista sono stati rilevati motivi padovani, ferraresi, foppeschi e poi bramanteschi; si possono notare retaggi gotici nella lavorazione dell'intonaco a rilievo, negli elmi e nelle armature di alcuni soldati, ma in generale l'influenza più avvertibile sembra quella del Bergognone: si confronti la nostra con la *Crocifissione* della Certosa di Pavia (1490). E certamente Montorfano si rivela un seguace, non particolarmente acuto, dell'urbinate Donato Bramante.

In basso a sinistra e a destra, Leonardo aggiunse a secco, sovrapponendole alla superficie affrescata da Montorfano, le effigi di Ludovico il Moro, con il primogenito Ercole Massimiliano (nato il 25 gennaio 1493), a sinistra, e della coniuge Beatrice d'Este, con il figlio Francesco, a destra. I committenti sono raffigurati in un rigido profilo medaglistico, secondo una consuetudine rinascimentale. Beatrice è abbigliata con grande sfarzo e non per nulla il suo guardaroba fu definito "una sacristia apparata de piviali".
Vasari nel 1568 affermò che gli astanti furono "ritratti divinamente", ma oggi purtroppo poco più che un'ombra ne segna gli incerti contorni; li possiamo però immaginare quasi identici a quelli che figurano nella celebre *Pala Sforzesca* (Pinacoteca di Brera), coeva opera di un anonimo seguace di Leonardo.

Francesco è ritratto in fasce, il che vale a fissare la cronologia di questo intervento a secco al 1495, anno in cui egli nacque (il 5 febbraio). Quando, nel 1497, Ludovico il Moro espresse il desiderio che Leonardo, terminato il Cenacolo, potesse "attendere poy ad l'altra fazada d'esso Refitorio", egli intendeva quindi, probabilmente, sostituire la decorazione di Montorfano con un'altra grande invenzione dell'artista toscano. I ritratti si sovrappongono a gruppi di domenicani: i santi a sinistra (Vincenzo Ferrer, un vescovo e Pietro Martire, oltre a Domenico di Guzman), san Tommaso d'Aquino e le sante a destra (Caterina da Siena e due beate).

Montorfano, favorito in quegli anni dall'ordine domenicano, lavorò anche in altre chiese e contesti dei frati Predicatori. Stando alla testimonianza seicentesca di frate Girolamo Gattico, nel complesso delle Grazie il pittore aveva atteso anche alle "figure che sono alle finestre e porta del capitolo e quelle antiche che sono nel secondo claustro detto il grande, cioè sopra le porte del lui transito".
Schiacciata dal confronto con il capolavoro di Leonardo, la *Crocifissione* testimonia al meglio la cultura che sarebbe stata spazzata via di lì a pochi anni dalla maniera moderna introdotta dall'artista toscano.